Guía de lectura atenta

Mc
Graw
Hill
Education

Cover and Title Page: Nathan Love

www.mheonline.com/lecturamaravillas

Copyright © McGraw-Hill Education

Send all inquiries to:
McGraw-Hill Education
Two Penn Plaza
New York, New York 10121

ISBN: 978-0-02-134208-2
MHID: 0-02-134208-3

Printed in the United States of America.

4 5 6 7 8 9 RMN 20 19 18 17 16

B

CAMBIOS

Excursiones a través del tiempo

¡Logros!

INTERESES COMUNES

TRANSFORMACIONES

INSPIRACIÓN

HITOS

TIME FOR KIDS

Layne Kennedy/Corbis

Retos

Descubrimientos

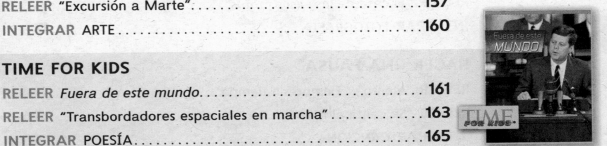

¡Manos a la OBRA!

Esperanza renace

¿Cómo muestran las acotaciones de los diálogos lo que sienten Esperanza y su mamá?

Antología de literatura: páginas 10–29

COLABORA

Coméntalo Vuelve a leer los diálogos de la página 13. Comenta con un compañero o una compañera cómo se siente Esperanza.

Cita evidencia del texto ¿Qué acotaciones del diálogo te permiten conocer cómo se siente Esperanza? Anota la evidencia del texto en el organizador gráfico.

Acotación	Cómo se sienten

Escribe Las acotaciones de los diálogos y los párrafos me permiten entender cómo se sienten Esperanza y su mamá, porque _____

_____

LECTURA ATENTA Consejo de la semana

Cuando **vuelvo a leer**, presto atención a cómo el narrador en tercera persona me permite entender los sentimientos de los personajes.

Teresa

Jose Luis Pelaez Inc/Blend Images/Getty Images

¿Cómo describe el narrador lo que sucede con el papá de Esperanza?

COLABORA

Coméntalo Vuelve a leer el último párrafo de la página 16 y el primero de la página 17. Comenta en parejas la información de estos párrafos.

Cita evidencia del texto ¿Qué puedes inferir a partir de esta información? Escribe en el organizador gráfico la evidencia del texto que te permite identificar lo que le sucedió al papá de Esperanza.

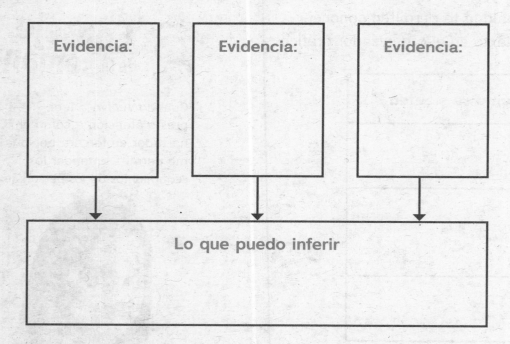

Evidencia: Evidencia: Evidencia:

Lo que puedo inferir

Escribe El narrador describe lo que sucedió con el papá de Esperanza por medio de _____

_____

ACUÉRDATE

Puedo utilizar los siguientes marcos de oración para debatir sobre las descripciones de la autora:

La autora describe las acciones de los personajes porque...

Con esta información puedo inferir que...

2   Unidad 1 • Semana 1 • Perspectivas

¿Cómo desarrolla la autora el diálogo en la página 19 para ayudarte a conocer a Esperanza?

COLABORA

Coméntalo Vuelve a leer la página. Comenta con un compañero o una compañera el diálogo de Esperanza.

Cita evidencia del texto ¿Qué frases u oraciones te permiten conocer a Esperanza? Cita en el organizador gráfico evidencias del texto y lo que puedes inferir.

Evidencia en el texto	Qué sé de Esperanza

Escribe El diálogo entre Esperanza e Isabel muestra que _____

_____

Tu turno

Piensa en cómo la autora emplea diálogos y un narrador en tercera persona. ¿Cómo conocemos a Esperanza? Organiza las evidencias del texto a partir de estos marcos de oración:

Al inicio del relato, Esperanza... porque...

Cuando esperanza experimenta las dificultades de su nueva vida en California, ella...

La autora nos muestra que Esperanza...

¡Conéctate!
Escribe tu respuesta en línea.

"Una mochila cargada de historias"

1   Según pasaban los días descubrí lo útil que era la tableta. Cada vez que no sabía el significado de una palabra, solamente presionaba mi dedo sobre ella y me lo daba. Podía también subrayar los párrafos importantes que tenía que estudiar. Esto no lo podía hacer en mis libros, porque para mí escribir en un libro era un sacrilegio. La tableta reconocía en qué página me había quedado, sin necesidad de usar un señalador. Podía encontrar videos, fotografías e imágenes para entender mejor el tema que estudiábamos. "¡Genial!", concedí.

2   Y por fin, leí la primera novela en la tableta. Suspiré profundamente antes de presionar el ícono del libro. Después comencé a leer la contraportada. Al pasar a la siguiente página, anhelé la voz musical de mi mamá y la sensación de tocar el papel con los dedos. Simplemente movía el dedo de derecha a izquierda una y otra vez, a medida que me adentraba en la aventura.

Vuelve a leer y haz anotaciones en el texto siguiendo las instrucciones.

Vuelve a leer los párrafos 1 y 2. Subraya las opiniones de Alberto con respecto a las tabletas. Luego encierra en un círculo su opinión acerca de los libros.

Según lo expresado por el narrador, ¿en qué se diferencian la tableta y el libro a la hora de leer un texto? Anota tu respuesta a continuación:

_____

_____

_____

_____

COLABORA

Comenta con un compañero o una compañera cómo puedes identificar la opinión del narrador. A continuación, haz una marca en el margen para indicar lo que puede hacerse con la tableta.

Ilustraciones de Marcos Calo

3   La tableta cambió mi percepción del libro digital. Aunque sigo amando el libro impreso, el libro digital puede reforzar el texto con imágenes y videos que explican mejor el tema. Desde que comencé a usar la tableta, entiendo mejor las lecciones y mis calificaciones mejoraron mucho. Además, de la biblioteca solo podía llevarme una cantidad limitada de libros, pero desde que tengo la tableta puedo leer todos los que quiera cualquier día de la semana.

Ilustraciones de Marcos Calo

Vuelve a leer el párrafo 3. Subraya la oración que te indica que Alberto está cambiando de opinión. A continuación anota las razones que sustentan este cambio de opinión. Anota las razones y numéralas al margen del párrafo.

1. _____

2. _____

_____

3. _____

_____

COLABORA

Comenta con un compañero o una compañera cómo sustenta Alberto su cambio de opinión.

¿Cómo expresa Alberto su cambio de opinión a lo largo de la selección?

Coméntalo Vuelve a leer los fragmentos de las páginas 4 y 5. Comenta con un compañero o una compañera cómo expone sus opiniones el narrador.

Cita evidencia del texto ¿Cambia Alberto de opinión con respecto a las tabletas y a los libros? Compara y contrasta las opiniones de Alberto al principio y al final del texto. Anótalas en el organizador gráfico.

Al principio	Al final

Escribe El narrador expresa su cambio de opinión por medio de _____

_____

_____

ACUÉRDATE

Cuando vuelvo a leer, me enfoco en las opiniones que expresa el personaje para reconocer cómo cambian.

Ilustraciones de Marcos Calo

¿De qué manera con las nuevas experiencias hay un cambio de perspectiva en "Los ratones", *Esperanza renace* y "Una mochila cargada de historias"?

ACUÉRDATE

A partir de las evidencias del texto puedo comparar el poema con las selecciones.

COLABORA

Coméntalo En parejas comenta el poema "Los ratones". Debate acerca de la primera propuesta de los ratones en el senado. Luego analiza qué perspectiva tenía Esperanza antes de migrar a Estados Unidos en *Esperanza renace* y qué perspectiva tenía el narrador de "Una mochila cargada de historias" de las tabletas.

Cita evidencia del texto Subraya la respuesta del viejo ratón a la propuesta de poner un cascabel al gato. ¿Cómo te permite esta respuesta entender el cambio de perspectiva de los ratones?

Escribe Las nuevas experiencias permiten tener un cambio de perspectiva al _____

_____

_____

_____

LOS RATONES
—Lope de Vega—

Juntáronse los ratones
para librarse del gato;
y después de largo rato
de disputas y opiniones,
dijeron que acertarían
en ponerle un cascabel,
que andando el gato con él,
librarse mejor podrían.
Salió un ratón barbicano,
colilargo, hociquirromo
y encrespando el grueso lomo,
dijo al senado romano,
después de hablar culto un rato:
-¿Quién de todos ha de ser
el que se atreva a poner
ese cascabel al gato?

Las casi siempre verdaderas aventuras de Homer P. Figg

Antología de literatura: páginas 36-51

 A partir del diálogo, ¿cómo revela el autor la relación entre Homer y su hermano?

COLABORA

Coméntalo Vuelve a leer los tres últimos párrafos de la página 39. Comenta con un compañero o una compañera sobre el diálogo que sostienen Harold y Homer.

Cita evidencia del texto ¿Qué comentarios de Homer te permiten saber cómo se siente con respecto a Harold? Cita evidencia del texto en el organizador gráfico.

Evidencia del texto	Lo que revela

Escribe El autor revela la relación de Homer con su hermano _____

_____

_____

Consejo de la semana

Cuando **vuelvo a leer**, pienso en lo que dicen los personajes para hacer inferencias sobre quiénes son.

Miles

¿Qué quiere el autor que sepas de Harold por la conversación que sostiene con Homer?

COLABORA

Coméntalo Vuelve a leer la página 41. Comenta en parejas lo que Harold le dice a su hermano y la solución que encuentra para no meter en problemas a Homer.

Cita evidencia del texto ¿Qué claves de contexto te indican la forma de ser de Harold? Escribe tu respuesta en el organizador gráfico.

ACUÉRDATE

Puedo utilizar estos marcos de oración cuando comente lo que el autor quiere que sepamos:

Leí que Harold le dijo a Homer que...

Eso me indica que...

Evidencias en el texto	Lo que revela

Escribe El autor quiere que sepa que Harold es _____

_____

_____

¿De qué manera crea suspenso el autor?

COLABORA

Coméntalo Vuelve a leer las páginas 44 y 45. Con un compañero o una compañera comenta los diálogos.

Cita evidencia del texto ¿Qué características del texto te indican el suspenso del relato? Escribe la evidencia del texto en el organizador gráfico.

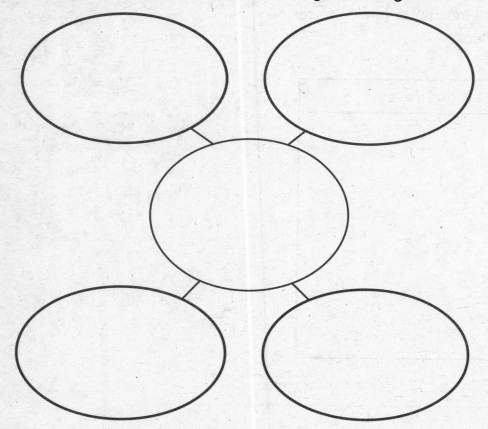

Escribe El autor crea suspenso a partir de _____

_____

ACUÉRDATE

Al analizar las características del texto, puedo reconocer cómo crea el autor suspenso.

Tu turno

Piensa en cómo el autor desarrolla las características de los personajes a lo largo del relato. ¿Qué puedes conocer de Homer mediante los diálogos? Organiza las evidencias del texto a partir de estos marcos de oración:

Cuando Homer trata de divertir a su hermano con... él demuestra...

El diálogo entre los dos hermanos muestra que Harold...

Homer y su hermano hablan de...

¡Conéctate!
Escribe tu respuesta en línea.

"Masa"

Ilustración de Carolina Prato

1. Al fin de la batalla,
   y muerto el combatiente, vino hacia él un hombre
   y le dijo: "¡No mueras, te amo tanto!"
   Pero el cadáver ¡ay! siguió muriendo.

2. Se le acercaron dos y repitiéronle:
   "¡No nos dejes! ¡Valor! ¡Vuelve a la vida!"
   Pero el cadáver ¡ay! siguió muriendo.

3. Acudieron a él veinte, cien, mil, quinientos mil,
   clamando: "¡Tanto amor y no poder nada contra
   la muerte!"
   Pero el cadáver ¡ay! siguió muriendo.

Vuelve a leer y haz anotaciones en el texto siguiendo las instrucciones.

Vuelve a leer las estrofas 1, 2 y 3. Encierra en un recuadro los personajes que se mencionan allí. ¿Cómo reacciona el combatiente con la presencia de estos personajes? Escribe tu respuesta aquí:

_____

COLABORA

Subraya el verso recurrente en cada una de las estrofas del poema. Comenta con un compañero o una compañera sobre qué entiendes de ese verso recurrente y por qué crees que el autor lo repite en cada una de las estrofas.

4 Le rodearon millones de individuos,

con un ruego común: "¡Quédate, hermano!"

Pero el cadáver ¡ay! siguió muriendo.

5 Entonces, todos los hombres de la Tierra

le rodearon; les vio el cadáver triste, emocionado;

incorporóse lentamente,

abrazó al primer hombre; echóse a andar...

Vuelve a leer las estrofas 4 y 5. Encierra en un círculo las palabras que hacen referencia a la masa. A continuación subraya la frase que se repite en las dos estrofas. Escríbela aquí:

1. _____

COLABORA

Comenta con un compañero o una compañera sobre los factores que permitieron al combatiente levantarse y echarse a andar.

Ilustración de Carolina Prato

¿De qué manera la ilustración te sirve para comprender mejor el poema?

 **ACUÉRDATE**

Leo con atención y relaciono las palabras del poema con los detalles de la ilustración.

Coméntalo Vuelve a leer el poema "Masa". Comenta con un compañero o una compañera la interacción entre el combatiente y las personas que van llegando a su lado.

Cita evidencia del texto ¿Qué puedes deducir de los detalles de la ilustración? Completa el organizador gráfico.

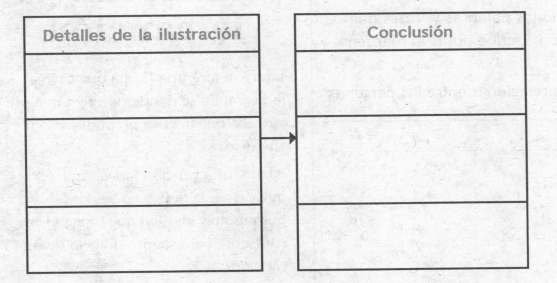

Detalles de la ilustración	Conclusión

Escribe La ilustración me sirve para comprender mejor el poema a partir de _____

_____

_____

¿? ¿En qué se asemeja la forma como Henry Wadsworth Longfellow muestra la relación entre las personas y la forma como el autor de *Las casi siempre verdaderas aventuras de Homer P. Figg* y "Masa" lo hacen?

COLABORA

Coméntalo Lee el poema. Comenta con un compañero o una compañera la razón por la que el autor incluye una canción y una flecha para transmitir su mensaje.

Cita evidencia del texto Encierra en un círculo las palabras y frases que el autor repite al describir la flecha y la canción. Escribe notas al margen explicando el significado de la última estrofa.

Escribe La forma como los autores utilizan las relaciones entre las personas muestra que _____

_____

Tanto la flecha como la canción sobreviven, intactas. Encontrar la canción "en el corazón de un amigo" sugiere que el amigo y la voz poética tienen un vínculo tan fuerte que ni el tiempo ni el espacio lo pueden deshacer.

ACUÉRDATE

Cuando vuelvo a leer un poema, advierto los símbolos que utiliza el autor y su importancia en el tema del poema.

La flecha y la canción

Lancé al aire una flecha que cayó a la tierra, no sé dónde porque tan ágil surcaba que la vista no podía seguir su vuelo.

Al aire una canción lancé también que cayó a la tierra, no sé dónde porque ¿hay alguien que tenga vista suficiente para seguir el vuelo de una canción?

Y mucho después, hallé en un roble la flecha aún intacta y la canción de la primera a la última línea la encontré de nuevo en el corazón de un amigo.

— *Henry Wadsworth Longfellow*

Viaje a las profundidades

Antología de literatura:
páginas 56-71

¿? **¿Por qué quiere la autora que imagines cómo luce una medusa gigante?**

COLABORA

Coméntalo Vuelve a leer el primer párrafo de la página 57. Comenta con un compañero o una compañera la forma como la autora emplea el lenguaje descriptivo cuando se refiere a la medusa.

Cita evidencia del texto ¿Por qué es importante la descripción que hace la autora de la medusa? Escribe la evidencia del texto en el organizador gráfico.

Consejo de la semana

LECTURA ATENTA

Cuando **vuelvo a leer**, puedo analizar la forma como la autora utiliza ciertas palabras y frases. Busco evidencia del texto para responder las preguntas.

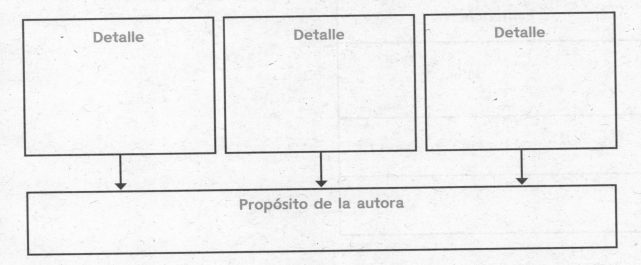

| Detalle | Detalle | Detalle |

Propósito de la autora

Escribe La autora quiere que imagine la medusa gigante porque _____

_____

_____

Arthur Tilley/Stockbyte/Getty Images

Tyler

¿De qué manera te ayuda la forma como la autora emplea las características del texto a entender cómo es el fondo del océano?

COLABORA

Coméntalo Vuelve a leer las páginas 60 y 61, y observa las características del texto. Comenta con un compañero o una compañera cómo, a partir de las características del texto, puedes conocer más el océano.

Cita evidencia del texto A partir de las características del texto, ¿qué información nueva aprendiste? Escríbela en el organizador gráfico.

Características del texto	Evidencia

Escribe Las características del texto incluidas por la autora me ayudan a saber

_____

_____

ACUÉRDATE

Puedo utilizar estos marcos de oración cuando comento las características del texto.

Las fotografías...
En la nota al margen puedo leer que...

¿Por qué utiliza el autor lenguaje figurado para describir la vida junto a los respiraderos?

Coméntalo Vuelve a leer la página 69. Comenta con un compañero o una compañera lo que visualizas mientras lees la descripción de los respiraderos.

Cita evidencia del texto ¿Qué palabras o frases describen cómo es la vida alrededor de los respiraderos? Escribe las evidencias en el organizador gráfico.

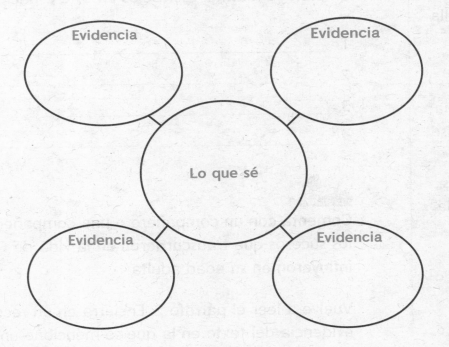

Evidencia

Evidencia

Lo que sé

Evidencia

Evidencia

Escribe La autora utiliza lenguaje figurado porque _____

_____

 **ACUÉRDATE**

Puedo visualizar lo que la autora quiere que aprenda sobre la vida alrededor de los respiraderos.

Tu turno

Piensa en cómo la autora presenta la información de forma que el lector participe en la travesía. ¿Qué efecto tiene en los lectores esta forma de presentar la información? Organiza las evidencias del texto a partir de estos marcos de oración:

Rebecca L. Johnson describe el movimiento…

Ella compara la exploración del mar con la del espacio porque…

Ella emplea lenguaje figurado porque…

¡Conéctate!
Escribe tu respuesta en línea.

"Exploración extrema"

1   Imagina que tienes once años y un día tus padres te anuncian que tu familia va a embarcarse en una aventura de ocho años en la que vas a navegar alrededor del mundo. Eso es exactamente lo que le sucedió a la Dra. Eva Ramírez-Llodra. Ella literalmente creció en el mar y cuando cumplió diecinueve años regresó a su natal Barcelona, España, a estudiar Biología. En ese momento no se imaginaba que el amor por el mar, que nacería durante ese increíble viaje, la llevaría a convertirse en bióloga marina.

2   En 1999 fue elegida, con otras cuatro personas, como coordinadora del proyecto Censo de la Vida Marina. Eva trabajó en este esfuerzo global con cerca de 2,500 científicos. Ellos exploraron los ecosistemas de aguas profundas de todo el mundo durante más de diez años.

Vuelve a leer y haz anotaciones en el texto siguiendo las instrucciones.

Vuelve a leer el párrafo 1. Encierra en un círculo cómo te permite el autor imaginar lo que le sucedió a la Dra. Eva Ramírez-Llodra cuando era joven:

Luego subraya los sucesos que la llevaron a convertirse en bióloga marina. Escríbelos en este espacio:

1. _____

2. _____

3. _____

_____

COLABORA

Comenta con un compañero o una compañera sobre los sucesos que transcurrieron en la vida de Eva y cómo influyeron en su edad adulta.

Vuelve a leer el párrafo 2. Encierra en un recuadro la evidencia del texto en la que se mencione un momento crucial en la carrera de la Dra. Ramírez-Llodra.

1 **P:** ¿Viven muchas criaturas en este inusual hábitat?

Dra. Ramírez-Llodra: Algunos científicos se dedican a identificar las especies. Analizan los diferentes organismos y elaboran una clasificación científica para agrupar las criaturas similares. ¡Ellos creen que puede haber casi un millón de formas de vida submarina!

2 **P:** ¿Cómo se han adaptado los organismos a la vida en este ambiente único?

Dra. Ramírez-Llodra: A estos organismos no los afecta la presión cambiante del fondo del mar, porque no tienen aire dentro de su cuerpo. De modo que pueden moverse sin dificultad en medio de una total oscuridad, incluso se comunican con otros organismos de la misma especie mediante sonidos o luces que ellos mismos emiten. Estos sonidos y luces también distraen a los depredadores y atraen a las presas. Además, muchas especies de aguas profundas tienen una densidad corporal reducida, similar a la del agua de mar. Por esto, no se hunden en el fondo ni flotan hacia la superficie.

Vuelve a leer la pregunta 1 y la respuesta de la Dra. Ramírez-Llodra. Subraya su respuesta. Luego encierra en un círculo las palabras y frases que mejor describen lo que hacen los científicos.

COLABORA

Vuelve a leer la pregunta 2 y la respuesta de la Dra. Ramírez-Llodra. En el margen, haz una marca para señalar las tres maneras que ella menciona sobre cómo los organismos se han adaptado al ambiente único de las profundidades del mar.

Comenta con un compañero o una compañera de qué manera la fotografía te ayuda a entender la vida en las profundidades oceánicas. Incluye evidencia del texto y detalles de la fotografía en tu respuesta.

_____

_____

_____

_____

_____

¿Cómo te permite la autora comprender lo que siente la Dra. Ramírez-Llodra con respecto a su vida como bióloga marina?

COLABORA

Coméntalo Vuelve a leer los fragmentos de las páginas 74 y 75. Comenta con un compañero o una compañera las respuestas de la Dra. Ramírez-Llodra en la entrevista.

Cita evidencia del texto ¿Qué palabras y oraciones te ayudan a entender los sentimientos de la Dra. Ramírez Llodra? Anota las evidencias del texto en el organizador gráfico.

Evidencia del texto	Cómo se siente la Dra. Ramírez-Llodra

Escribe La autora me permite comprender lo que siente la Dra. Ramírez Llodra a partir de _____

_____

ACUÉRDATE

Cuando vuelvo a leer, utilizo la evidencia del texto para sustentar las distintas inferencias que hago.

¿En qué se parece la forma como la fotógrafa te ayuda a entender el entorno del oso polar y la forma como la autora de *Viaje a las profundidades* y el autor de "Exploración extrema" te ayudan a visualizar el océano?

ACUÉRDATE

Los detalles en la fotografía me permiten compararla con las selecciones que leí esta semana.

COLABORA

Coméntalo Observa la fotografía y lee el pie de foto. Comenta en parejas qué ves y cómo la fotografía te permite entender la vida del oso polar.

Cita evidencia del texto ¿Qué evidencias de la fotografía te ayudan a entender el entorno del oso polar? Enciérralas en un círculo. Luego piensa en el oficio de la fotógrafa. Subraya aquello que la fotógrafa quiere transmitirte.

Escribe La fotógrafa y los autores quieren enseñarme

_____

_____

_____

U.S. Fish & Wildlife Service/Eric Regehr

Un oso polar macho camina sobre un bloque de hielo cerca del agua en Alaska, Busca focas para alimentar a su familia.

Dentro del volcán

¿Cómo te permite la autora entender mejor los volcanes?

Antología de literatura: páginas 78–91

COLABORA

Coméntalo Vuelve a leer las páginas 80 y 81. Comenta con un compañero o una compañera las diferentes características de esta selección y cómo estas te permiten entender mejor los volcanes.

Cita evidencia del texto ¿Cómo te ayuda la autora a entender mejor el tema? Utiliza el organizador gráfico para evidenciar tres formas empleadas por la autora.

Consejo de la semana

Cuando **vuelvo a leer**, puedo analizar características del texto para entender mejor un tema. Luego, cito evidencias del texto para responder preguntas.

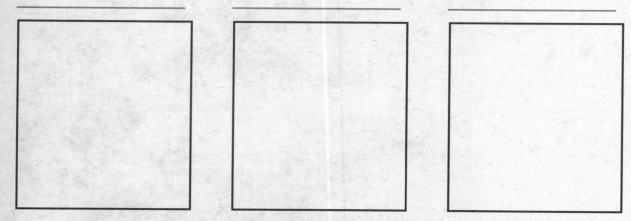

Abby

Glow Images RF

Escribe La autora me permite comprender más sobre los volcanes al _____

_____

_____

¿Por qué "Un paseo por lo indómito" es un buen encabezado para esta sección?

 **ACUÉRDATE**

Cuando vuelvo a leer, puedo analizar la selección de palabras de la autora y cómo esta me permite visualizar la información.

Coméntalo Vuelve a leer la página 85. Comenta con un compañero o una compañera cómo describe la autora los tubos de lava.

Cita evidencia del texto ¿Qué detalles del texto te permiten visualizar el peligro de estar cerca de los tubos de lava? Escribe tu respuesta en el organizador.

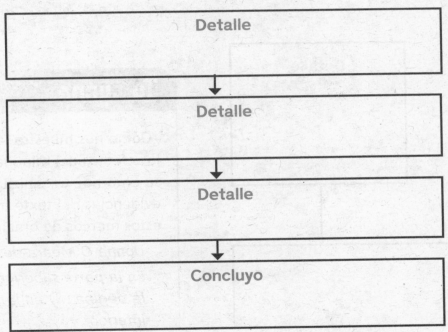

Detalle

↓

Detalle

↓

Detalle

↓

Concluyo

Escribe "Un paseo por lo indómito" es un buen título para esta sección porque

_____

_____

¿De qué manera las experiencias de la vida real de la autora y el lenguaje descriptivo amplían tu comprensión de los volcanes?

 **ACUÉRDATE**

Puedo utilizar estos marcos de oración cuando comentamos las descripciones de la autora sobre su experiencia.

La autora me cuenta su experiencia al emplear...
Por medio de estas descripciones visualizo...

Coméntalo Vuelve a leer los tres primeros párrafos de la página 87. Comenta con un compañero o una compañera cómo la autora hace interesante la lectura sobre los volcanes.

Cita evidencia del texto ¿Cómo te permite visualizar el lenguaje descriptivo incluido por la autora lo que ella experimentó? Registra las evidencias del texto en el organizador gráfico.

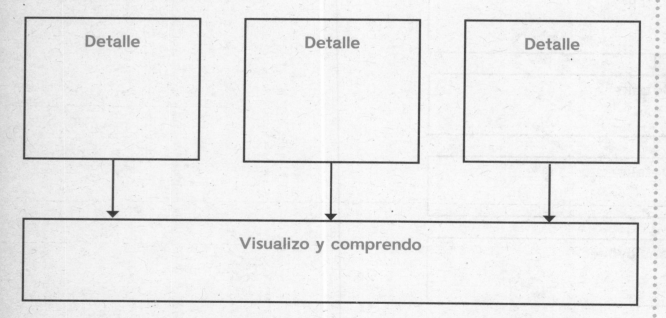

| Detalle | Detalle | Detalle |

Visualizo y comprendo

Escribe Las experiencias vividas por la autora y el lenguaje descriptivo amplían mi comprensión de los volcanes al _____

_____

Tu turno

¿Cómo nos muestra la autora los efectos del Kilauea en su entorno? Organiza las evidencias del texto a partir de estos marcos de oración:

Donna O'Meara describe...

En la parte superior de la página... y en la parte inferior...

La experiencia de la autora...

¡Conéctate!
Escribe tu respuesta en línea.

"Pintor de volcanes"

1. Su interés por los volcanes lo hizo desplazarse a San Juan Parangaricutiro, en el estado de Michoacán, donde hizo erupción el Paricutín el 20 de febrero de 1943. Este volcán nació en un campo de cultivo, de una pequeña grieta. Cuentan que empezó a salir humo y cuando sobrevino la explosión, el pueblo completo quedó sepultado por la lava. El Paricutín estuvo activo hasta 1952 y durante esos nueve años el Dr. Atl estuvo mucho tiempo cerca de su cráter tomando bocetos para sus cuadros y llevando a cabo una documentación minuciosa para un libro que escribió en 1950: *Cómo nace y crece un volcán: El Paricutín.*

2. "Gran parte de mi vida la he ocupado en escalar volcanes, estudiarlos, dibujarlos y, de repente, la naturaleza puso en la puerta de mi casa un volcán nuevo", solía decir.

Vuelve a leer y haz anotaciones en el texto siguiendo las instrucciones.

Vuelve a leer el párrafo 1. Subraya las frases que se refieren a las actividades del Dr. Atl después de la erupción del volcán Paricutín. Escribe esas frases aquí:

_____

_____

COLABORA

Comenta con un compañero o una compañera la manera como el comienzo de un volcán en San Juan Parangaricutiro influyó en el Dr. Atl.

Encierra en un cuadrado evidencia del texto que sustente tus afirmaciones.

1

El Dr. Atl creó sus propios colores para pintar y los llamó Atl colors. Sus cuadros han mantenido el brillo original a lo largo del tiempo. Sin embargo, el pintor nunca divulgó su fórmula. Con ellos pintó muchos volcanes, y estar frente a sus pinturas es mirar lo que Gerardo Murillo vio.

El pintor de volcanes murió de un paro cardíaco a los 89 años y sus restos descansan en la Rotonda de las Personas Ilustres, en la Ciudad de México.

Vuelve a leer el párrafo 1. Subraya la característica principal de los cuadros del Dr. Atl. Escribe tu respuesta aquí:

_____

_____

COLABORA

Habla con un compañero o una compañera sobre las razones que pudo tener Atl para no revelar la fórmula para la creación de los colores que utilizó en sus pinturas.

¿Cómo sabes que hay un cambio de narrador al final de la página 95?

COLABORA

Coméntalo Vuelve a leer los fragmentos de la página 95. Comenta con un compañero o una compañera la relación entre lo dicho por el narrador y la cita del Dr. Atl.

Cita evidencia del texto ¿Por qué sabes que se ha incluido una cita del personaje principal? Anota las evidencias del texto en el organizador gráfico.

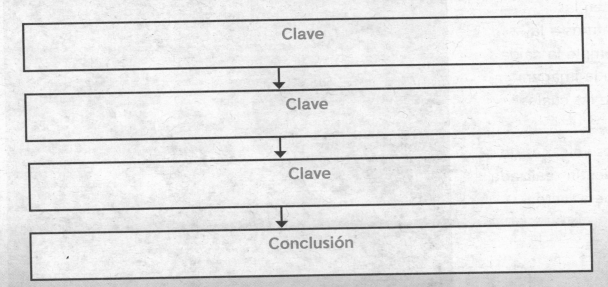

Clave

↓

Clave

↓

Clave

↓

Conclusión

Escribe Las palabras del Dr. Atl permiten comprender mejor la selección al

_____

_____

ACUÉRDATE

Cuando vuelvo a leer, pienso en las experiencias que tuvo el personaje principal y la relación existente entre ellas.

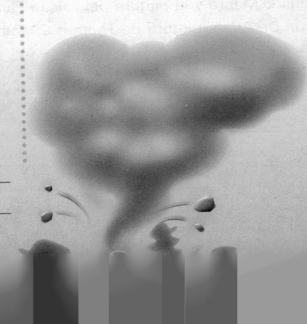

¿En qué se parece la representación que del océano hace el artista Thomas Chamber a la representación del volcán Paricutín realizada por el Dr. Atl y a la descripción de los volcanes hecha por Donna O'Meara, que leíste en la selección de esta semana?

COLABORA

Coméntalo Habla con un compañero o con una compañera sobre lo que ves en la pintura y sobre lo que sientes al ver la pintura.

Cita evidencia del texto ¿En qué se parecen las sensaciones que despiertan en ti las dos pinturas a la descripción hecha por Donna cuando contempló la caída en el mar de la lava del volcán Kilauela? En la imagen, encierra en un círculo tres claves a partir de las cuales puedas hacer la comparación.

Escribe Al igual que las descripciones de los volcanes de Donna O'Meara y la pintura del volcán Paricutín realizada por el Dr. Atl, la pintura de Thomas Chambers recrea

_____

_____

_____

Courtesy National Gallery of Art, Washington

El artista estadounidense Thomas Chambers pintó *Fragata sacudida por una tormenta* a mediados del siglo XIX. Esta pintura al óleo sobre lienzo forma parte actualmente de la colección de la Galería Nacional de Arte de Washington, D.C.

La montaña rusa de la economía

Antología de literatura: páginas 98–101

 ¿De qué manera te permite comprender el autor la economía y la hace relevante para ti?

COLABORA

Coméntalo Lee los dos primeros párrafos de la página 99. Comenta por qué el autor utiliza ejemplos de la vida real para permitirte comprender el tema.

Cita evidencia del texto ¿Qué hace el autor para que la información sea relevante para ti? Anota la evidencia del texto en el organizador gráfico.

Evidencia del texto	¿Por qué es relevante?

Escribe El autor me permite comprender la economía y la hace relevante para mí al demostrarme con ejemplos que la economía _____

_____

LECTURA ATENTA
Consejo de la semana

Cuando **vuelvo a leer**, pienso por qué el autor incluye determinada información. Luego reflexiono cómo esa información se relaciona con mi vida.

Victor

Caroline Schiff/Blend Images/360Getty Images

¿Cómo utiliza el autor las características del texto para permitirte comprender los conceptos de *oferta* y *demanda*?

COLABORA

Coméntalo Observa las características del texto en las páginas 100 y 101. Comenta con un compañero o una compañera la nueva información que el autor te presenta y por qué la presenta de esta manera.

Cita evidencia del texto ¿Cómo puedes entender la oferta y la demanda a partir de las características del texto? Escribe, en el organizador gráfico, el nombre de cada característica del texto en la parte superior de las columnas y abajo explica cómo facilitan tu comprensión.

Escribe El autor utiliza las características del texto para permitirme comprender la oferta y la demanda al _____

_____

Tu turno

¿Cómo nos muestra el autor los factores detrás de la oferta y la demanda en una economía de libre mercado? Organiza las evidencias del texto a partir de estos marcos de oración:

El autor incluye características del texto...

Leo que...

Esto me permite entender...

¡Conéctate!
Escribe tu respuesta en línea.

"Nuestra Reserva Federal en operación"

1   De igual forma, las bajas tasas de interés incentivan a la gente a pedir préstamos y a ahorrar menos. Es probable que las bajas tasas fomenten la inversión y expansión de las empresas e incentiven a las personas a comprar más. De esta forma, las tasas de interés aumentan o disminuyen la actividad económica.

2   Creo que, cuando la economía se desacelera, la Reserva Federal debe intervenir bajando las tasas de interés para que el dinero circule en el sistema económico. Y creo que debe subirlas cuando la gente empieza a pedir muchos préstamos.

3   En el siguiente diagrama se explica esta prudente posición monetaria.

Vuelve a leer y haz anotaciones en el texto siguiendo las instrucciones.

Vuelve a leer los párrafos 1 y 2. Subraya las opiniones de la autora acerca de lo que la Reserva Federal debería hacer. Luego encierra en un círculo la evidencia del texto que sustente este punto de vista.

Vuelve a leer el párrafo 3 y observa el diagrama. Encierra en un recuadro los indicios que utiliza la autora para persuadirte de que estés de acuerdo con ella.

COLABORA

Comenta con un compañero o una compañera cómo a partir de las evidencias del texto y del diagrama puedes informarte sobre la economía y la opinión de la autora.

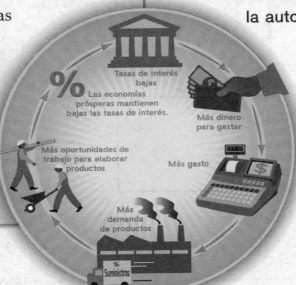

Tasas de interés bajas
Las economías prósperas mantienen bajas las tasas de interés.
Más dinero para gastar
Más gasto
Más demanda de productos
Más oportunidades de trabajo para elaborar productos

El efecto dominó
Cuando los préstamos tienen una adecuada tasa de interés toda la economía funciona.

¿Cómo te persuade la autora para que estés de acuerdo con su opinión acerca de la Reserva Federal?

 COLABORA

Coméntalo Vuelve a leer el fragmento de la página 31. Comenta con un compañero o una compañera cómo expone la autora su opinión.

Cita evidencia del texto ¿Qué te dice la autora para persuadirte? Escribe en el organizador gráfico la evidencia del texto.

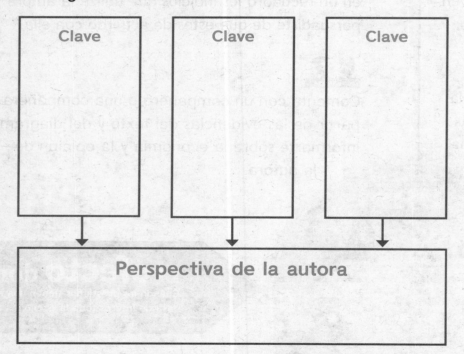

Clave	Clave	Clave

Perspectiva de la autora

Escribe La autora me persuade para que esté de acuerdo con su opinión por medio de _____

_____

¿Cómo contribuye la escena retratada en esta pintura a que comprendas mejor las características de la economía de libre mercado expuestas en las lecturas *La montaña rusa de la economía* y "Nuestra Reserva Federal en acción"?

Coméntalo Observa la pintura. Analiza con un compañero o una compañera el impacto que pudo tener en los vendedores retratados el principio de la oferta y la demanda, expuesto en *La montaña rusa de la economía*.

Cita evidencia del texto Observa la fotografía y lee el pie de foto. Subraya la información clave y encierra en un círculo ejemplos de una economía de libre mercado.

Escribe La escena retratada en la pintura contribuye a comprender mejor *La montaña rusa de la economía* y "Nuestra Reserva Federal en acción" al _____

_____

_____

_____

_____

Digital Image: Yale Center for British Art

ACUÉRDATE

A partir de los detalles de esta pintura, entiendo el libre mercado y puedo compararla con las selecciones que leí esta semana.

Alrededor de 1726, el pintor flamenco Pieter Angillis hizo esta pintura de Covent Garden al óleo, sobre un soporte de cobre. Covent Garden se encuentra ubicado en el área de Londres llamada West End y alberga un mercado de frutas y verduras desde el siglo XVII.

La India milenaria

A partir de la descripción de la vida de Majavirá, ¿cómo comprendes mejor el propósito del jainismo?

Antología de literatura: páginas 104-117

COLABORA

Coméntalo Vuelve a leer la sección "Jainismo y la no violencia" en la página 111. Comenta en parejas cómo nació el jainismo.

Cita evidencia del texto ¿Cómo fue la vida de Majavirá? ¿Cómo se relaciona con el propósito del jainismo? Escribe tus respuestas en el organizador gráfico.

 **Consejo de la semana**

Evidencia del texto	Evidencia del texto

Propósito del jainismo

Cuando **vuelvo a leer**, analizo la relación entre el jainismo y la vida de Majavirá.

Isabel

Escribe A partir de la descripción de la vida de Majavirá _____

_____

_____

¿Por qué incluye la autora una línea cronológica en el texto?

COLABORA

Coméntalo Vuelve a leer la página 114. Comenta con un compañero o una compañera la información de la línea cronológica.

Cita evidencia del texto ¿Cómo se relaciona la información del texto con la de la línea cronológica? Completa el organizador gráfico.

Evidencia del texto	Línea cronológica

Escribe La autora incluye la línea cronológica con el propósito de _____

_____

ACUÉRDATE

Puedo utilizar estos marcos de oración cuando comento la relación entre la línea cronológica y el texto.

El autor incluye la línea cronológica para...

Esta me permite...

¿Por qué incluye la autora un pie de foto en el texto?

COLABORA

Coméntalo Vuelve a leer la página 117. Comenta con un compañero o una compañera los aportes que hizo el astrónomo Aryabhata.

Cita evidencia del texto A partir del texto y el pie de foto, ¿qué avances científicos o hallazgos hizo Aryabhata? Escribe tu respuesta en el organizador gráfico.

Evidencia del texto	Relación con el pie de foto

Escribe El propósito de la autora al incluir el pie de foto es _____

_____

_____

ACUÉRDATE

A medida que **vuelvo a leer**, puedo centrarme en los datos que evidencian la relación entre el texto y el pie de foto.

Tu turno

Piensa en cómo la autora expone la información sobre la civilización del valle del Indo. ¿De qué manera el énfasis que pone la autora en algunos personajes y textos ayuda a entender el legado que nos dejó esta civilización en los campos de la cultura y la ciencia? Organiza las evidencias del texto a partir de estos marcos de oración:

La autora pone énfasis en este tema porque...

La importancia de las enseñanzas de Majavirá radica en...

Esto me permite...

¡Conéctate!
Escribe tu respuesta en línea.

"El emperador de la paz"

EL LEGADO DE ASOKA

1   La historia recuerda a Asoka como el gobernante budista ideal. Este monarca creó un modelo de gobierno budista. De ese modo, cambió la idea de que los reyes eran de origen divino. Su ejemplo fue seguido por muchos otros reyes hasta la actualidad. Desde ese entonces, varios reinos han fundado monasterios y ordenado a monjes budistas.

2   La India se convirtió en república a mediados del siglo XX. En ese momento, adoptó la bandera actual que lleva en su centro la rueda de Asoka. El emblema nacional de la India lleva una imagen del capitel de los leones construido por Asoka en Sarnath.

Vuelve a leer y haz anotaciones en el texto siguiendo las instrucciones.

Vuelve a leer los párrafos 1 y 2. Subraya los símbolos de la India que en la actualidad recuerdan a Asoka.

COLABORA

Comenta con un compañero o una compañera el legado de Asoka. Encierra en un cuadrado cuál fue el cambio que generó la creación de un modelo de gobierno budista por parte de Asoka.

3   El país de Sri Lanka es budista hoy en día gracias a la labor de los hijos gemelos de Asoka, Mahinda y Sanghamita. El budismo se sigue practicando en varios otros países de Asia a donde llegaron los emisarios de Asoka.

4   Asoka incluso ha llegado al mundo del videojuego. El monarca es uno de los personajes de la conocida serie *Civilización IV* en español.

5   Hacia el final de su vida, Asoka el Grande se había deshecho de todas sus posesiones materiales. Sin embargo, fue mucho lo que dio al mundo. Su pacifismo y su interés en los demás seres vivos sigue siendo un ejemplo a seguir hoy en día.

Vuelve a leer el párrafo 3. ¿Por qué Sri Lanka y otros países también practican el budismo? Subraya tu respuesta en el texto.

Vuelve a leer los párrafos 3, 4 y 5. Comenta con un compañero o una compañera lo que entendiste de estos.

¿Cuáles fueron los aportes más importantes de Asoka? Encierra la respuesta en un cuadrado.

¿Cómo estructura la autora el texto para presentar la información?

ACUÉRDATE

Cuando **vuelvo a leer**, identifico los apartados para entender mejor la organización del texto.

COLABORA

Coméntalo Vuelve a leer los apartados "El imperio de la paz" y "El legado de Asoka" en las página 121 y 123. Comenta en parejas lo que aprendiste de cada uno.

Cita evidencia del texto ¿Cuál es la idea principal de cada uno de los apartados? Completa el organizador gráfico.

Apartado	Idea principal

Escribe La autora presenta la información _____

_____

_____

¿De qué manera el descubrimiento presentado en el boceto de Da Vinci es similar a lo presentado en *La India milenaria* y "El emperador de la paz"?

COLABORA

Coméntalo Comenta con un compañero o una compañera lo que ves en el boceto de Leonardo da Vinci. Analiza su importancia.

Cita evidencia del texto Observa el boceto y lee el pie de foto. Encierra en un círculo las claves a partir de las cuales puedes relacionar el invento de da Vinci con los helicópteros modernos. Escribe notas en el margen, comparando este boceto con los objetos mencionados en las lecturas de la semana.

Escribe El descubrimiento del boceto de Leonardo da Vinci se asemeja a los descubrimientos de la antigua civilización del valle del Indo porque _____

_____

_____

_____

_____

_____

ACUÉRDATE

Cuando observo un boceto me fijo en si se puede relacionar con los objetos modernos.

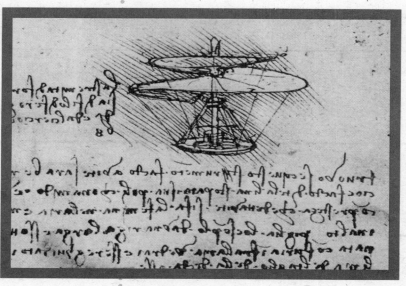

Claudio Divizia/Hemera/Getty Images Plus/Getty Images

El artista renacentista Leonardo da Vinci fue también científico e inventor. Dibujó este boceto de un helicóptero en 1493, mucho antes de que se inventaran los motores mecánicos.

¿Quién inventó la democracia?

¿De qué manera la descripción que hace la autora de las personas ricas y pobres en Atenas te permite comprender cómo nació la democracia?

Antología de literatura: páginas 124-133

COLABORA

Coméntalo Vuelve a leer los primeros cuatro párrafos de la página 126. Comenta con un compañero o una compañera las grandes diferencias entre las personas ricas y pobres en Atenas.

Cita evidencia del texto ¿Qué palabras y expresiones emplea la autora para describir a los ricos y a los pobres de la época? Escribe tu respuesta en el organizador gráfico.

Los ricos	Los pobres	Conclusión

Escribe La descripción que hace la autora de los ricos y los pobres me permite comprender cómo nació la democracia a partir de _____

_____

_____

LECTURA ATENTA **Consejo de la semana**

Cuando **vuelvo a leer**, analizo las palabras que la autora escoge para describir personas e ideas. Busco evidencia en el texto para responder las preguntas.

Kevin

Johnny Greig/E+/Getty Images

¿Cómo el uso de modismos te permite entender mejor los conflictos ocurridos en Atenas y, siglos después, en las colonias americanas?

Coméntalo Vuelve a leer la página 128. Comenta con un compañero o una compañera los conflictos en Atenas y en las colonias americanas.

Cita evidencia del texto ¿Qué modismos emplea la autora para que puedas visualizar el conflicto? Completa el organizador gráfico.

ACUÉRDATE

Puedo utilizar estos marcos de oración cuando comento los modismos que emplea la autora:

La autora emplea modismos para...

Estos crean una atmósfera que...

Evidencia	Evidencia

↓ ↓

Conclusión

Escribe El uso de modismos por parte de la autora me permite _____

_____

_____

_____

¿Por qué emplea la autora palabras y frases de transición?

COLABORA

Coméntalo Vuelve a leer la página 132. Comenta con un compañero o una compañera las frases de transición que sirven para comprender los sucesos ocurridos en la Convención Constitucional.

Cita evidencia del texto ¿Qué palabras y frases de transición emplea la autora y cómo te permiten comprender el texto? Escribe tu respuesta en el organizador gráfico.

Evidencias	Propósito de la autora

Escribe La autora emplea frases de transición para _____

_____

_____

ACUÉRDATE

Cuando **vuelvo a leer**, me concentro en las frases de transición para comprender mejor el texto.

Tu turno

Piensa en la manera en que Connie Nordhielm Wooldridge organiza cronológicamente la información. ¿Cómo te permite esto entender el desarrollo de la democracia? Organiza las evidencias del texto a partir de estos marcos de oración:

Connie Nordhielm compara y contrasta...

También incluye frases de transición para...

A partir de esta información, la autora...

¡Conéctate!
Escribe tu respuesta en línea.

Unidad 2 · Semana 2 · Democracia   **43**

"Cómo se vuelven leyes las ideas"

Democracia en acción

1   Las leyes nacionales aplican para todos en Estados Unidos, mientras que las estatales y locales son para quienes viven en un estado o una ciudad particular. Casi cualquier persona puede sugerir una ley.

2   Steve y su padre contactaron a Marta Ortiz, quien formaba parte de la Asamblea estatal. Los miembros de la Asamblea, junto con los del Senado estatal, se encargan de legislar. Tras hablar con el joven, ella estuvo de acuerdo con la importancia de utilizar casco, así que propondría y apoyaría un proyecto de ley.

Una idea se transforma en ley

3   En la audiencia de un comité con los miembros de la Asamblea, Steve y la señorita Ortiz explicaron por qué era necesaria la ley. El comité reescribió el proyecto para incluir solo a los menores de 18 años y luego lo pasó a la Asamblea. La Asamblea y el Senado lo aprobaron; por último, ¡el gobernador lo firmó!

Vuelve a leer y haz anotaciones en el texto siguiendo las instrucciones.

Vuelve a leer el párrafo 1. Encierra en un círculo quiénes pueden sugerir leyes. Escríbe tu respuesta:

_____

COLABORA

Vuelve a leer los párrafos 2 y 3. Comenta con un compañero o una compañera los pasos que Steve y su padre siguieron para hacer que su idea se convirtiera en ley.

En el texto, numera cada uno de los pasos que siguió Steve para hacer que su idea se convirtiera en ley.

Charlie Hill

Una ley toma forma

La Srta. Ortiz le mostró a Steve la siguiente gráfica para explicarle el proceso que sigue un proyecto de ley para convertirse en una ley en el estado.

Paso 1: un secretario del tribunal recibe el proyecto y lo lee a la Asamblea estatal.

Paso 2: el proyecto de ley pasa a un comité. Si este lo aprueba, pasa a la Asamblea estatal en pleno.

Paso 3: los representantes debaten el proyecto de ley y luego votan. Si la Asamblea lo aprueba, pasa al Senado estatal.

Paso 4: un comité del Senado estatal vota el proyecto de ley. Si es aprobado, el Senado en pleno lo debate y todos votan. Si es aprobado, pasa al gobernador.

Paso 5: el gobernador puede firmar para que el proyecto se convierta en ley, esperar entre 4 y 15 días para que se convierta en ley automáticamente o vetarlo. El veto significa que no es aprobado. La mayoría de las asambleas y los senados estatales pueden invalidar un veto con dos tercios de los votos.

Vuelve a leer el gráfico. Encierra en un círculo la razón por la que la Srta. Ortiz le mostró el gráfico a Steve.

COLABORA

Vuelve a leer los pasos 1 a 5. Comenta con un compañero o una compañera cada uno de ellos.

Luego, subraya quién decide en cada paso para convertir proyecto de ley en una ley. Escribe tu respuesta aquí:

1. _____

2. _____

3. _____

4. _____

5. _____

¿Cómo te ayuda la barra lateral a entender el proceso que Steve y su padre siguieron para hacer que su idea se convirtiera en ley?

COLABORA

Coméntalo Vuelve a leer los dos fragmentos. Comenta con un compañero o una compañera lo que aprendiste a partir de la barra lateral.

Cita evidencia del texto ¿De qué manera se relacionan los pasos en "Una ley toma forma" y los pasos que siguieron Steve y su padre? Escribe tu respuesta en el siguiente organizador gráfico.

Evidencia del texto	Evidencia de la barra lateral

Escribe La autora emplea la barra lateral para que yo pueda ver _____

_____

_____

ACUÉRDATE

Cuando **vuelvo a leer**, la barra lateral me brinda información para conectar con la lectura.

¿Cómo la caracterización que hace Tennyson de la libertad refleja los ideales que anhelaban los antiguos romanos, griegos y colonos americanos en *¿Quién inventó la democracia?* y los estadounidenses modernos en "Cómo se vuelven leyes las ideas"?

Coméntalo Conversa un compañero o una compañera la forma como Tennyson caracteriza la libertad.

Cita evidencia del texto Subraya las palabras y frases que mejor caracterizan a la libertad. Encierra en un círculo las líneas en las que se evidencia lo que se espera de la libertad.

Escribe Tennyson caracteriza a la libertad _____

_____

_____

_____

_____

 **ACUÉRDATE**

Cuando **vuelvo a leer** un poema, me fijo en la imaginería para hacer visible la acción.

Tiempo ha reinaba la Libertad en las alturas

Tiempo ha reinaba la Libertad en las alturas:
a sus pies retumbaban los relámpagos
y en su frente fulguraban las estrellas,
mientras escuchaba el efluvio de los torrentes [...]

Venerable madre de majestuosas obras
mira hacia abajo desde su altar solitario,
empuñando como un dios el tridente
ceñida la cabeza de real corona.

Sus ojos atentos anhelan la verdad.
La sabiduría de los siglos anida en ellos.
Quiera que la juventud eterna
mantenga apartadas de su luz las lágrimas.

Y que su recto modo pueda permanecer y brillar,
aclarando nuestros días e iluminando nuestros
sueños, y sus divinos labios desdeñen la falsía
de los extremos.

—Alfred, lord Tennyson

Adeet Deshmukh/McGraw-Hill Education

Las ruinas indias

¿Por qué emplea el autor el punto de vista en tercera persona en su relato?

Antología de literatura:
páginas 138-147

COLABORA

Coméntalo Vuelve a leer la página 141. Comenta en parejas los detalles de Tenochtitlán.

Cita evidencia del texto ¿Cómo describe el autor la ciudad de Tenochtitlán? ¿Cuál es su propósito al dar tantos detalles en tercera persona? Completa el organizador gráfico.

Evidencia del texto	Punto de vista

Escribe El autor presenta el punto de vista en tercera persona para _____

_____

_____

Consejo de la semana
LECTURA ATENTA

Cuando **vuelvo a leer** la forma como el autor narra el relato en tercera persona, busco evidencias del texto para responder las preguntas.

Paige

¿Cuál es el propósito del autor al emplear detalles reales y ficticios en el relato?

Coméntalo Vuelve a leer las páginas 144 y 145. Comenta con un compañero o una compañera los detalles reales y ficticios en el relato.

Cita evidencia del texto ¿Qué detalles reales y ficticios se presentan? Escribe las evidencias del texto en el organizador gráfico.

Evidencia del texto	Conclusión

Escribe El autor emplea detalles reales y ficticios para _____

_____

_____

¿De qué forma el punto de vista del relato permite mostrar información diferente sobre el mismo tema?

COLABORA

Coméntalo Vuelve a leer la página 147. Comenta con un compañero o una compañera lo que queda del pasado de Tenochtitlán.

Cita evidencia del texto ¿Cómo evidencia el autor lo que fue y lo que queda de Tenochtitlán? Escribe tu respuesta en el organizador gráfico.

Evidencias

⬇

⬇

⬇

⬇

Escribe El punto de vista del relato me permite _____

_____

_____

Tu turno

Piensa en la forma como el autor presenta la información. ¿Por qué es importante el punto de vista del texto para entender lo que el autor quiere transmitir? Organiza las evidencias del texto a partir de estos marcos de oración:

El punto de vista del relato...

Esto me permite conocer...

El autor empleó... porque...

¡Conéctate!
Escribe tu respuesta en línea.

"Los acueductos y canales aztecas"

Los acueductos

1. Si bien el agua se transportaba en vasijas de cerámica sobre canoas, Tenochtitlán también tenía acueductos. Sus habitantes los llamaban *aochpangos*. En lengua náhuatl, *atl* significa "agua"; *ochpantli*, "camino" y *co*, "lugar": el lugar del camino del agua. Seguramente cuando piensas en un acueducto te vienen a la mente extensos ductos de agua sobre majestuosos arcos como los de las antiguas ciudades romanas, pero no todos eran así ni se veían en la superficie.

Vuelve a leer y haz anotaciones en el texto siguiendo las instrucciones.

Vuelve a leer el párrafo 1. Subraya las distintas ciudades de la antigüedad nombradas en el fragmento. A continuación encierra en un círculo un medio, distinto al acueducto, utilizado por los ciudadanos de Tenochtitlán para transportar el agua y repartirla por la ciudad.

COLABORA

Comenta con un compañero o una compañera de qué manera desglosa la autora la palabra *aochpangos* para explicarle al lector su origen y su significado.

Encierra en un cuadrado las evidencias del texto que sustenten tu respuesta.

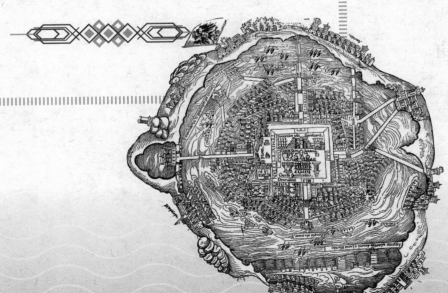

[2]　Para llevar agua dulce al centro de Tenochtitlán se utilizaban dos ductos que se surtían en los manantiales de Coyoacán y Churubusco mediante caños abiertos llamados apantles. El acueducto recorría varios kilómetros hasta las residencias, palacios, fuentes y estanques donde se vertía el agua en jarras de barro o se llevaba en canoas para venderse.

[3]　Los acueductos aztecas eran de piedra. Contaban con dos canales de cerámica en forma de medios círculos, de un metro de ancho cada uno. El primer canal conducía el flujo del agua por gravedad a los estanques y pilas de agua. El otro se conservaba limpio para poder dar mantenimiento y tener un flujo seguro de agua. En tierra firme, ese acueducto era en su mayor parte subterráneo. En el lago, corría sobre un montículo de tierra, por una zanja de piedra que permitía al agua descender por gravedad.

Vuelve a leer los párrafos 2 y 3. Subraya cómo se proveían de agua, para su manutención, los habitantes de Tenochtitlán.

COLABORA

Comenta con un compañero o una compañera sobre las tres descripciones realizadas por la autora con respecto al recorrido del acueducto hasta las residencias. Numera las respuestas en el texto.

Vuelve a leer el párrafo 3. ¿Qué hacían los aztecas con cada uno de los canales? Encierra en un círculo la respuesta.

¿Cómo eran los acueductos aztecas en Tenochtitlán? Encierra la respuesta en un cuadrado.

¿Cómo emplea la autora los dos puntos de vista en el texto?

ACUÉRDATE

Los puntos de vista del texto me permiten entender los propósitos del relato.

COLABORA

Coméntalo Vuelve a leer la página 150. Comenta en parejas porqué la autora hace preguntas al comienzo del texto y cómo es su estructura.

Cita evidencia del texto ¿Qué evidencias del texto te muestran los dos puntos de vista del relato? Completa el organizador gráfico.

Evidencia del texto	Punto de vista

Escribe La autora emplea _____

_____

_____

¿De qué forma lo que expresa la pintura sobre las culturas antiguas es similar a lo que narran los autores de las culturas antiguas en *Las ruinas indias* y "Los canales y acueductos aztecas"?

ACUÉRDATE

Las pinturas rupestres expresan cómo era una sociedad antigua al igual que las lecturas de esta semana.

COLABORA

Coméntalo Observa la pintura y lee la leyenda. Comenta con un compañero o una compañera la relación de la pintura con las culturas prehistóricas.

Cita evidencia del texto Subraya en la leyenda la relación que tiene la pintura con las culturas prehistóricas. Encierra con un círculo los detalles de la pintura que te indican que es de la época prehistórica.

Escribe Lo que expresan las pinturas y las lecturas es similar porque _____

_____

_____

_____

_____

CAROLUS/age fotostock

Esta pintura rupestre de un bisonte pertenece a la época de la Prehistoria. La cueva se encuentra en Ariège, Francia, y está abierta al público.

Estrellas y luciérnagas

 ¿Cómo te permiten las ilustraciones visualizar la información que aparece en el texto?

Antología de literatura: páginas 154-167

Coméntalo Vuelve a leer y observa las imágenes. Comenta con un compañero una compañera lo que aparece en estas ilustraciones.

Cita evidencia del texto A partir del texto y las ilustraciones, ¿qué información es similar? Escribe tu respuesta en el organizador gráfico.

Evidencia en el texto	Imagen

Escribe Las ilustraciones me permiten _____

_____

_____

Consejo de la semana

LECTURA ATENTA

Cuando **vuelvo a leer**, las ilustraciones me ayudan a visualizar el ambiente del relato.

Nicolás

¿De qué manera las ilustraciones complementan la narración?

 COLABORA

Coméntalo Vuelve a leer las páginas 158 y 159. Comenta con un compañero o una compañera la información que aparece en el texto y la que se muestra en la ilustración.

Cita evidencia del texto ¿Qué información de la ilustración no aparece en el texto? Escribe tu respuesta en el organizador gráfico.

 **ACUÉRDATE**

Puedo utilizar los siguientes marcos de oración cuando comparo y contrasto las imágenes con el texto.

En la ilustración veo que...

En el texto y en la ilustración veo que...

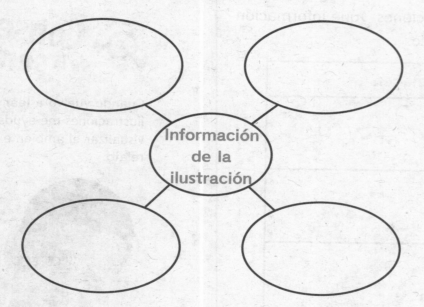

Información de la ilustración

Escribe Las imágenes me permiten complementar la narración mediante _____

_____

_____

_____

¿Cómo representa el ilustrador el lenguaje sensorial utilizado por la autora?

COLABORA

Coméntalo Vuelve a leer las páginas 166 y 167. Comenta con un compañero o una compañera el lenguaje sensorial que utiliza la autora para describir los sonidos y las luces de la pólvora.

Cita evidencia del texto A partir del texto y las ilustraciones, ¿cómo se representa el lenguaje sensorial? Escribe tus respuesta en el organizador gráfico.

Evidencia del texto	Evidencia de las ilustraciones

Escribe El lenguaje sensorial de la autora aparece representado en las ilustraciones mediante _____

_____

_____

ACUÉRDATE

Presto atención al uso de los colores y la presentación de las ilustraciones para identificar el lenguaje sensorial en el texto.

Tu turno

Piensa en cómo las ilustraciones aportan información adicional a la que se encuentra en los textos. ¿Cómo se puede conocer el entorno de la familia Wong a partir de las ilustraciones? Organiza las evidencias del texto a partir de estos marcos de oración:

En las ilustraciones veo...

Las ilustraciones me permiten...

La autora y el ilustrador muestran que la familia Wong...

¡Conéctate!
Escribe tu respuesta en línea.

"Un erudito en la familia"

Introducción

[1] La historia de China está llena de relatos de líderes que lucharon para tratar de unir a los habitantes de este enorme país. A partir de la dinastía Sui (581 a 618), los chinos tuvieron la oportunidad de convertirse en funcionarios del Gobierno mediante la aprobación de varios exámenes escritos. Pero no fue sino hasta la dinastía Song (960 a 1279) que el sistema de exámenes empezó a considerarse una escalera al éxito.

[2] Por primera vez, a principios del año 1000, se permitió a los plebeyos trabajar en el Gobierno. Los puestos que ocuparon recibieron el nombre de cargos en el servicio civil y para aspirar a uno de ellos, los hombres tenían que presentar un riguroso examen.

[3] **Narrador** *(parado frente al telón)*: Déjenme presentarles a Cheng. *(Cheng camina sobre el escenario y se inclina)*. Él es un joven erudito que ha estudiado con mucha dedicación para aprobar el examen del servicio civil. En este momento se encuentra lejos de su hogar presentando este difícil examen. *(Cheng sale corriendo rápidamente del escenario. El narrador está satisfecho con su partida, asiente con la cabeza como queriendo decir "vale" y continúa hablando)*. Su familia espera su regreso.

Vuelve a leer y haz anotaciones en el texto siguiendo las instrucciones.

Lee los párrafos 1 y 2. Subraya tres hechos que evidencien el desarrollo del gobierno chino.

En el margen, haz una marca para señalar algo que un personaje de la obra vaya a hacer.

COLABORA

Vuelve a leer las direcciones de escena en el párrafo 3. Comenta en parejas cómo emplea el autor las direcciones de escena para facilitarte la comprensión de la acción en la obra.

¿De qué manera el autor te permite reconocer la personalidad de Cheng? Encierra en un círculo la evidencia del texto que sustente tu respuesta. Escríbela a continuación.

_____

_____

_____

_____

Julie Wu

1 **Abuelo:** Hace algunos años, solo los hombres nacidos en familias nobles podían hacerlo. Los plebeyos no tenían forma de ascender en el mundo. Hoy, cualquier erudito puede intentarlo, pues los cargos públicos son ocupados por quienes sean capaces de demostrar sus destrezas, no solo por los nobles.

2 **Madre:** ¡Solo uno entre 100 eruditos aprueba el examen! Pero Cheng se ha esforzado tanto. Sus ojos se fatigaban mucho mientras aprendía a trazar los miles de caracteres chinos. Además pasó años estudiando las enseñanzas de Confucio, el gran educador.

3 **Mei:** Lo sé. Lo ayudé a estudiar e hice sus tareas algunas veces, ¿lo recuerdan? *(Sonríe alegremente).*

4 **Abuelo:** Sí, y me sentí muy orgulloso de ti. Fuiste una gran ayuda para tu hermano. En mis tiempos, los campesinos podíamos perderlo todo si la tierra temblaba y nuestros hogares se desplomaban o si el gran río se desbordaba a causa de las abundantes lluvias y barría nuestros campos. No había otro trabajo que pudiéramos hacer, ninguna otra forma de ganar dinero y reconstruir nuestras vidas. Si Cheng y Ying son aceptados en el servicio civil, será el comienzo de un gran legado para nuestra aldea.

Julie Wu

Lee la sección 1. Subraya la oración que indica lo que significa para los plebeyos presentar el examen para el servicio civil. Escribe tu respuesta:

_____

_____

_____

COLABORA

Lee el resto del fragmento. Comenta con un compañero o una compañera cómo se siente la familia de Cheng con respecto a que él presente el examen. Encierra en un círculo la evidencia en el diálogo que sustente tu respuesta.

¿Cómo el autor te permite entender qué tan importante es el examen para la familia de Cheng y para su futuro?

COLABORA

Coméntalo Vuelve a leer los fragmentos de las páginas 58 y 59. Comenta con un compañero o una compañera cómo reconoces la importancia del examen para obtener cargos en el servicio civil.

Cita evidencia del texto A partir de los fragmentos leídos, ¿cómo evidencia el autor qué tan importante es el examen? Completa el organizador gráfico.

Introducción	Diálogo de la familia

Escribe El autor me permite reconocer la importancia del examen por medio de

_____

_____

Cuando **vuelvo a leer**, pienso en cómo el contexto afecta a los personajes. Esto me ayuda a entender las decisiones que ellos toman.

?

¿Cómo muestran el ilustrador y los autores de *Estrellas y luciérnagas* y "Un erudito en la familia" la transformación de una cultura?

COLABORA

Coméntalo Observa la imagen. Comenta con un compañero o una compañera qué tipo de personas aparecen y cómo se sienten frente a la construcción del ferrocarril. Subraya en la leyenda la evidencia de la importancia de la construcción del ferrocarril.

Cita evidencia del texto Observa la imagen. Marca los elementos que muestren que el suceso tuvo un efecto en las personas de todos los niveles sociales.

Escribe El ilustrador muestra la transformación de una cultura mediante _____

_____

_____

_____

_____

_____

Architect of the Capitol

ACUÉRDATE

Cuando observo una imagen, me fijo en las transformaciones culturales que representa.

GOLDEN SPIKE

En el mes de mayo de 1869, funcionarios del ferrocarril, líderes políticos y cuadrillas de trabajadores se reunieron en la cumbre del promontorio, Utah, para colocar el último remache del Ferrocarril del Pacífico, el primero de los cinco ferrocarriles transcontinentales que se construyeron en el siglo XIX. La colocación del remache unió la línea férrea Unión del Pacífico, la cual corría de este a oeste, con la línea del Pacífico Central que había comenzado a construirse en California.

"Ruinas", "Allá lejos"

¿Cómo la personificación que emplea la autora te permite comprender el tema del poema?

Antología de literatura:
páginas 174-176

Coméntalo Vuelve a leer el poema "Ruinas" de la página 175. Comenta con un compañero o una compañera cómo describe la poeta las ruinas.

Cita evidencia del texto ¿Qué palabras y frases utiliza la poeta para transmitir la importancia de estas ruinas? Completa el organizador gráfico.

Consejo de la semana

Cuando **vuelvo a leer** el poema presto atención a las palabras que emplea la poeta para comunicarme la importancia que tienen las ruinas.

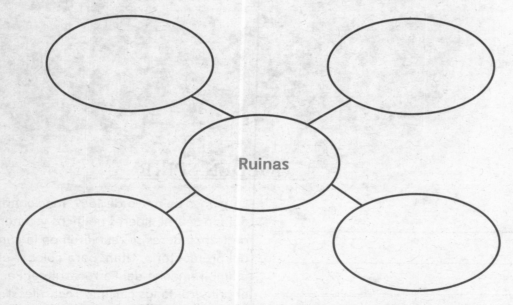

Ruinas

Brianna

Escribe La poeta personifica a las ruinas de Quisqueya para permitirme comprender _____

_____

_____

SW Productions/Brand X Pictures/Getty Images

¿Cómo puedes identificar el tema de "Allá lejos" a partir de los detalles y lenguaje que emplea el poeta?

COLABORA

Coméntalo Vuelve a leer el poema "Allá lejos" de la página 176. Comenta en parejas las palabras que emplea el poeta para referirse a la infancia.

Cita evidencia del texto ¿Qué expresiones del poema te permiten pensar en la infancia de la voz poética? Escribe tu respuesta en el organizador gráfico.

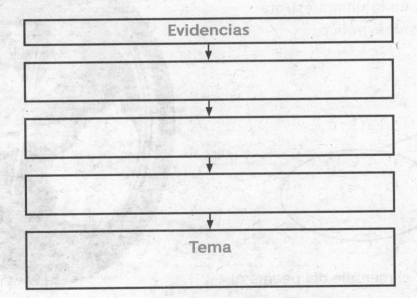

Evidencias

↓

↓

↓

↓

Tema

Escribe El poeta me permite identificar el tema del poema mediante _____

_____

ACUÉRDATE

Puedo utilizar estos marcos de oración para comentar las imágenes que emplean los poetas para transmitir un mensaje.

En "Allá lejos" la voz poética...

Esto me permite comprender que el poeta...

Tu turno

Piensa en la manera como la poeta habla sobre el pasado al personificar un objeto. ¿De qué forma te permite esto entender la importancia del pasado para la poeta? Organiza las evidencias del texto a partir de estos marcos de oración:

Salomé Ureña de Henríquez expresa... porque...

Entiendo que para la poeta el pasado...

¡Conéctate!
Escribe tu respuesta en línea.

"Con mi abuelo", "Tradición"

¿De qué manera la interpelación que hace la voz poética al final de "Tradición" refuerza el mensaje del poema?

COLABORA

Coméntalo Vuelve a leer el poema "Tradición" de la página 179. Comenta con un compañero o una compañera qué describe la poeta en la primera parte.

Cita evidencia del texto ¿A quién habla la voz poética en la última estrofa y qué le dice? Escribe evidencias del texto en el organizador gráfico.

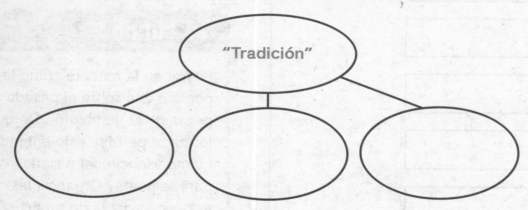

"Tradición"

Escribe La interpelación que hace la voz poética refuerza el mensaje del poema al

_____

_____

ACUÉRDATE

Cuando **vuelvo a leer**, comprendo la importancia del pasado en nuestros días, porque de él heredamos mucho de lo que somos.

¿Cómo me permiten las poetas identificar el punto de vista que utilizan en sus poemas?

 COLABORA

Coméntalo Vuelve a leer "Con mi abuelo" y "Tradición" en las páginas 178 y 179. Comenta con un compañero o una compañera el punto de vista presente en cada uno de los poemas y por qué es importante.

Cita evidencia del texto ¿Qué frases evidencian el punto de vista en los dos poemas? Completa el organizador gráfico.

"Con mi abuelo"	Punto de vista	"Tradición"

Escribe Las poetas me permiten identificar el punto de vista mediante _____

_____

_____

 **ACUÉRDATE**

Cuando **vuelvo a leer**, centro mi atención en el punto de vista que emplean las poetas en sus poemas.

¿Cómo podemos aprender de nuestro pasado a partir de lo expuesto en la foto y lo narrado en los poemas "Ruinas", "Allá lejos", "Con mi abuelo" y "Tradición?

COLABORA

Coméntalo Observa la fotografía. Comenta con un compañero o una compañera lo que se ve en ella y lo que podemos aprender de los restos arqueológicos.

Cita evidencia del texto Encierra en un círculo los detalles de la foto que evidencian que la técnica y el estudiante están aprendiendo sobre el pasado. Subraya en el pie de foto la descripción de lo que sucede en la foto.

Escribe En la foto podemos aprender de nuestro pasado mediante _____

_____

_____

_____

_____

ACUÉRDATE

Puedo observar que la técnica de laboratorio cuida los restos del pasado del mismo modo que los pueblos del pasado tuvieron el cuidado de transmitir sus tradiciones a las generaciones futuras.

Hill Street Studios/Blend Images/Getty Images

Una técnica de laboratorio y un estudiante examinan huesos almacenados en un museo.

Cuando la tía Lola vino de visita a quedarse

Antología de literatura, páginas 180–191

¿? ¿Cómo utiliza la autora el diálogo para prefigurar los sucesos del relato?

COLABORA

Coméntalo Vuelve a leer las páginas 186 y 187. Comenta con un compañero o una compañera el diálogo entre mami y tía Lola.

Cita evidencia del texto ¿Qué dice y hace tía Lola? ¿Qué anticipa tía Lola sobre el coronel Charlebois? Completa el organizador gráfico.

Consejo de la semana

Cuando **vuelvo a leer**, puedo pensar sobre cómo emplea la autora los elementos literarios. Busco claves y evidencias del texto.

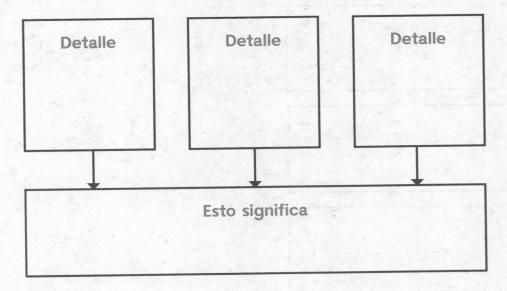

| Detalle | Detalle | Detalle |

Esto significa

Michael

Escribe La autora emplea el diálogo para prefigurar lo que ocurre en el relato

_____

_____

¿Cómo puedes saber que la tía Lola conoce más al coronel Charlebois que los demás personajes?

Coméntalo Vuelve a leer los últimos tres párrafos de la página 189. Comenta en parejas el plan de tía Lola y, lo que piensan mami y Miguel.

Cita evidencia del texto ¿Cuál es la importancia de la palabra *cambiar* en esta parte del relato? Busca evidencias del texto y completa el organizador gráfico.

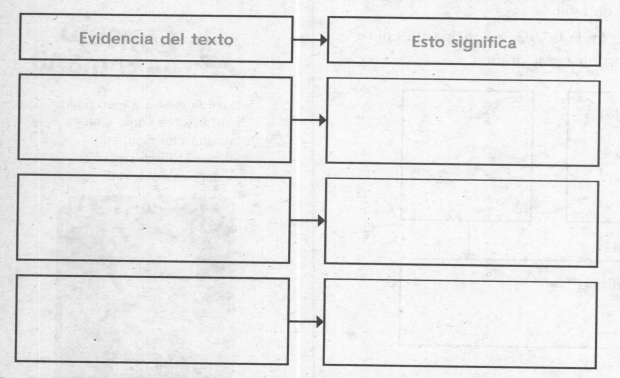

Evidencia del texto	→	Esto significa

Escribe Sé que tía Lola sabe cómo es el coronel Charlebois porque la autora

_____

_____

ACUÉRDATE

Puedo utilizar estos marcos de oración cuando comento el plan de tía Lola.

El autor utiliza la palabra cambiar *de diferentes maneras para...*

Esto me ayuda a comprender el plan de tía Lola porque...

¿Cómo te ayuda la autora a visualizar el cambio del coronel Charlebois?

Coméntalo Vuelve a leer la página 191. Comenta con un compañero o una compañera lo que hace el coronel Charlebois.

Cita evidencia del texto ¿Cómo describe la autora lo que hace el coronel Charlebois cuando lee el banderín? Completa el organizador gráfico con evidencias del texto.

Evidencias en el texto	Qué visualizo

Escribe La autora me ayuda a visualizar el cambio del coronel Charlebois

ACUÉRDATE

Cuando vuelvo a leer, puedo usar las palabras del autor para visualizar cómo cambian los personajes en el relato.

Tu turno

Tía Lola sabe que el coronel no desalojará a Miguel ni a su familia ¿De qué manera transmite la autora el presentimiento de la tía Lola a los lectores? Organiza las evidencias del relato a partir de estos marcos de oración:

La autora pone en boca de tía Lola esa frase porque…

Al inicio, el personaje del coronel… pero al final…

El color morado representa… Además…

¡Conéctate!
Escribe tu respuesta en línea.

"Música en conjunto"

1   Una mañana de verano, un rey estaba sentado al lado de una ventana en su castillo. Afuera, un coro de aves cantaba en conjunto. Cada una tenía su propia tonada, pero la mezcla de los sonidos en exquisita armonía deleitaba a su majestad.

2   Pronto, el rey se aficionó a escuchar los hermosos cantos de las aves y esperaba con ansia sus melodías. Pero en otoño, a medida que los días empezaron a acortarse, las aves echaron a volar una a una, dejando silencio donde alguna vez su música había adornado los aires.

3   El rey se entristeció por la ausencia de las melodías. Al ver su expresión sombría, el sirviente más leal y humilde le dijo:

4   —Su majestad, tal vez en invierno, un músico pueda tocar para usted mientras regresan las aves.

5   El rey accedió y le ordenó buscar a los músicos más talentosos del mundo.

Vuelve a leer y haz anotaciones en el texto siguiendo las instrucciones.

Vuelve a leer los párrafos 1 y 2. Subraya las frases que describen cómo se siente el rey acerca del canto de los pájaros.

En el párrafo 3, encierra en un círculo las palabras que describen los sentimientos del rey.

COLABORA

Comenta con un compañero o una compañera la manera como el autor prefigura lo que ocurre al final de la alegoría. Encierra en un cuadro las evidencias del texto que apoyan tus ideas. Escríbelas:

_____

_____

_____

Christiane Beauregard

1 En el salón del trono, el último músico terminaba su audición, pero el rey miraba fijamente el espacio y soñaba con las aves que habían cantado cerca a su ventana.

2 Cuando el rey se sentó, sus oídos se aguzaron y escucharon unas cuantas notas por entre las gruesas paredes del castillo. Lentamente sonrió y exclamó:

3 —¡Por fin! ¡Eso era lo que estaba buscando! —Miró a los miembros de la corte—. Permítanme compartir lo que **predije**. No es un sonido sino la mezcla de la música de muchos lo que es realmente hermoso.

4 Después de decir eso ordenó a sus sirvientes que invitaran a todos los músicos a entrar y conformar una orquesta real. Por supuesto descansarían durante el verano, cuando las aves regresaran.

Vuelve a leer el párrafo 1. Encierra en un círculo las palabras que describen los sentimientos del rey respecto a los músicos que están participando en las audiciones. Escribe lo que hace el rey:

1. _____

2. _____

COLABORA

Comenta con un compañero o una compañera lo que escucha el rey. ¿Cómo te ayuda el autor a visualizar lo que el rey está sintiendo? Subraya en el párrafo 2 las evidencias del texto que reflejan tus ideas.

¿Cómo te ayuda el autor a comprender que el rey se da cuenta de la importancia del trabajo en equipo?

COLABORA

Coméntalo Vuelve a leer los párrafos 1 y 2 de la página 70. Luego, vuelve a leer el párrafo 2 de la página 71. Comenta con un compañero o una compañera lo que hace el rey.

Cita evidencia del texto ¿Qué detalles te ayudan a comprender cómo el rey se da cuenta de la importancia del trabajo en equipo? Completa el organizador gráfico.

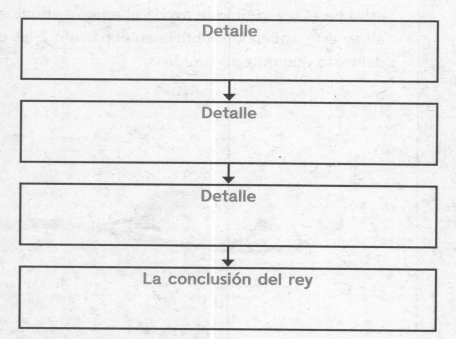

Detalle

↓

Detalle

↓

Detalle

↓

La conclusión del rey

Escribe El autor me ayuda a comprender que el rey se da cuenta de la importancia del trabajo en equipo porque _____

_____

¿De qué manera te ayudan John Milton Hay y los autores de *Cuando tía Lola vino de visita a quedarse* y de "Música en conjunto" a comprender el efecto que producen las palabras y las ideas?

COLABORA

Coméntalo Lee el poema. Comenta con un compañero o una compañera las dos ideas que tuvo el narrador y el efecto que tuvieron.

Cita evidencia del texto Subraya los versos del poema que describen cómo la voz poética obtuvo las ideas. Luego encierra en un círculo las claves que muestran el efecto que producen.

Escribe Entiendo el efecto que producen las palabras y las ideas porque _____

_____

_____

_____

_____

ACUÉRDATE

Puedo analizar el uso del lenguaje sensorial que hace el poeta. Esto me ayuda a comparar el poema con las selecciones que leí esta semana.

Palabras

Cuando las violetas brotaban
y los rayos del sol llenaban el día,
y los pájaros felices cantaban,
los elogios de mayo,
una palabra vino a mí arruinando
la belleza de la escena,
y el invierno llegó a mi corazón,
a pesar del verde de los árboles.

Ahora con la fuerte brisa van navegando
las hojas muertas, marrones
y marchitas;
los bosques se lamentan el fin del año;
una palabra viene a mí iluminando
con éxtasis todo el aire
y en mi corazón es verano,
a pesar de la desnudez de los árboles.

-John Milton Hay

Relato de un náufrago

¿Cómo te permiten las descripciones entender los sentimientos del protagonista del relato?

Antología de literatura, páginas 196–211

Coméntalo Vuelve a leer la página 198. Comenta en parejas cómo se siente el náufrago.

Cita evidencia del texto ¿Qué palabras y expresiones te permiten entender los sentimientos del náufrago? Completa el organizador gráfico.

Consejo de la semana

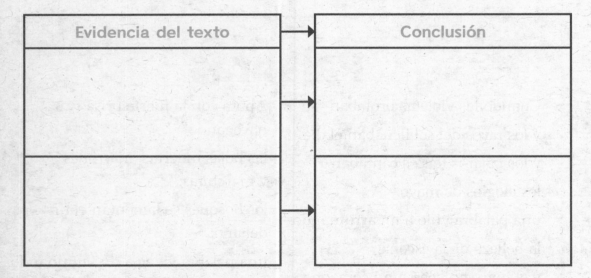

Evidencia del texto	Conclusión

Cuando **vuelvo a leer,** me detengo en los detalles descriptivos del relato. Estos detalles me permiten conocer qué siente el protagonista.

Evelyn

Escribe Entiendo los sentimientos del náufrago a partir de _____

_____

_____

Kali Nine LLC/iStock/360/Getty Images

¿Cómo permite el punto de vista en primera persona entender mejor el relato?

Coméntalo Vuelve a leer la página 204. Comenta con un compañero o compañera qué detalles del texto te permiten saber quién es el narrador.

Cita evidencia del texto ¿Qué puedes inferir de estos detalles? Completa el organizador gráfico con evidencias del texto.

Evidencias del texto	Conclusión

Escribe A partir del punto de vista en primera persona entiendo _____

_____

_____

¿Por qué se incluyen fechas y horas exactas en el relato?

COLABORA

Coméntalo Vuelve a leer la página 207. Comenta con un compañero o una compañera las fechas y horas del relato.

Cita evidencia del texto ¿Qué importancia tienen las fechas y horas exactas? Escribe tu respuesta en el organizador gráfico.

Evidencia del texto	Conclusión

Escribe La inclusión de fechas y horas exactas me permite _____

_____

_____

Tu turno

Piensa en cómo el autor transmite el esfuerzo del náufrago por no rendirse ante unas circunstancias terribles. ¿Cómo enfrenta el protagonista el hecho de estar perdido en medio del mar? Organiza las evidencias del relato a partir de estos marcos de oración:

El náufrago primero siente…
Luego…
Al ser el narrador…
El autor incluye esa información en la narración porque…

¡Conéctate!
Escribe tu respuesta en línea.

"Afrontar un reto"

1   El año pasado, mi familia se mudó del sur de California. Yo amaba mi vida en ese lugar, mis amigos, mi escuela y especialmente el béisbol.

2   Todo cambió cuando nos marchamos a St. Paul, Minnesota, donde la temperatura promedio en invierno es de 10 °F. Solo podía jugar béisbol durante un par de meses al año, pues tan pronto terminaba el verano, todos se encerraban a jugar *hockey* sobre hielo. Había pisado el hielo unas pocas veces cuando era más pequeño, pero, durante la segunda lección, me había caído y me había roto la muñeca. Después de eso había jurado no volver a patinar sobre hielo. La verdad, me daba miedo, pero no quería que nadie lo supiera, ni siquiera Ben, mi único amigo en la nueva ciudad.

3   Al igual que los demás, Ben jugaba *hockey*, y por varias semanas me inventé excusas para no jugar con él y sus amigos. Así que empezó a creer que yo lo estaba evitando. Tenía un dilema y me preguntaba si debía confesarle que me daba miedo patinar.

4   Cuando finalmente le conté que no sabía patinar, él se ofreció a enseñarme. Y aunque era muy paciente, me avergonzaba tanto mi torpeza que empecé a inventar más y más excusas para no hacerlo.

Scott Altmann

Vuelve a leer y haz anotaciones en el texto siguiendo las instrucciones.

Vuelve a leer el párrafo 2. Surbraya la decisión que toma el protagonista con respecto al *hockey*. Escríbela aquí:

_____

Vuelve a leer los párrafos 2 y 3. Encierra en un círculo la actitud del narrador hacia el patinaje.

COLABORA

Comenta con un compañero o una compañera el cambio de actitud del narrador acerca del hockey. Vuelve a leer los párrafos 3 y 4. Encierra en un cuadrado cuál es la reacción del personaje.

1. Más tarde, solo en mi habitación haciendo la tarea de Estudios Sociales, leí un capítulo del libro acerca de Robert Peary, un hombre caucásico, y Matthew Henson, un afroamericano, que exploraron juntos el Ártico en 1909. No podía imaginar el miedo que estos exploradores enfrentaron al visitar un lugar que muy pocas personas conocían, ¡un lugar mucho más frío que Minnesota!

2. Cuando terminé de leer hice un pacto conmigo mismo y al día siguiente gasté el dinero que había ganado espalando nieve en unos patines. Todos los días de regreso a casa me detenía en el estanque, me ponía los patines y me tambaleaba al lado de la patinadora que había aterrizado en el suelo luego de saltar. A medida que ella perfeccionaba sus piruetas, yo aprendía a deslizarme y girar. Era difícil ser un principiante y cuando me caía debía luchar contra las ganas de rendirme. Pero, cada vez que sucedía, me levantaba y volvía a empezar; por lo menos era constante.

3. Pronto pude mantener el equilibrio y patinar con más seguridad. En unas semanas estuve listo para patinar, detenerme y girar como lo requiere el *hockey*. Cuando sentí que estaba listo para mostrarle a Ben mis habilidades en el patinaje, él quedó impresionado y me dijo que debía unirme a la liga local de *hockey*.

Vuelve a leer el párrafo 1. Encierra en un círculo qué piensa el narrador de Peary y Henson.

¿Por qué el narrador se sintió motivado luego de leer sobre la exploración al Ártico? Escribe tu respuesta aquí:

_____

_____

COLABORA

Vuelve a leer los párrafos 2 y 3. Comenta con un compañero o una compañera el cambio de opinión del narrador. Subraya las evidencias en el texto que te permiten sustentar tu respuesta.

A continuación encierra en un cuadrado qué logró el narrador al enfrentar su miedo al patinaje.

Scott Altmann

¿De qué manera la narración en primera persona te permite aprender a enfrentar retos?

ACUÉRDATE

Mientras leo, me detengo en las descripciones que hace el narrador sobre sus sentimientos.

Coméntalo Vuelve a leer los fragmentos de las páginas 77 y 78. Comenta con un compañero o una compañera las razones que motivaron al narrador a aprender a patinar.

Cita evidencia del texto ¿Qué detalles del texto te permiten visualizar el cambio de opinión del narrador?

Evidencia

↓

Evidencia

↓

Evidencia

↓

¿Cómo cambia el narrador?

Escribe La narración en primera persona me permite _____

_____

_____

Scott Altmann

¿Cómo se asemeja la manera como los chicos de la fotografía afrontan un reto al modo como los personajes de ambas selecciones afrontan los suyos?

COLABORA

Coméntalo Comenta con un compañero o una compañera de qué manera los chicos de la fotografía colaboran entre sí para afrontar los retos. Compáralos con los personajes de las selecciones.

Cita evidencia del texto Observa la fotografía. Trabaja con un compañero o una compañera para buscar tres pistas que muestran que la relación entre los chicos los beneficia. Haz una lista al lado de la fotografía. Encierra en un cuadrado cómo se sienten los chicos.

Escribe Los chicos de la fotografía se parecen a los personajes de las selecciones que leí esta semana porque

_____

_____

_____

_____

LECTURA ATENTA

ACUÉRDATE

Observo cómo los chicos construyen una relación y asumen retos. Esto me ayuda a relacionar la fotografía con las selecciones que leí esta semana.

fatihhoca/Vetta/Getty Images

Estos estudiantes de sexto grado forman parte del programa de enseñanza *Uno a uno*. En el programa, dos estudiantes con talentos diferentes trabajan juntos durante una hora a la semana.

Aviador Santiago

¿Cómo te permite el diálogo y las descripciones conocer a Santiago?

COLABORA

Coméntalo Vuelve a leer la página 219. Comenta con un compañero o una compañera los diálogos.

Cita evidencia del texto ¿A partir del diálogo y las descripciones, ¿qué puedes inferir de Santiago? Completa el organizador gráfico.

Antología de literatura,
páginas 216–227

Detalles

↓

Conclusión

Escribe A partir del diálogo y de las descripciones comprendo _____

_____

LECTURA ATENTA

Consejo de la semana

Cuando **vuelvo a leer,** me detengo en los diálogos y en las descripciones para saber qué piensan y qué sienten los personajes.

Dena

©Nicole Hill/Rubberball/Corbis

A partir de las descripciones, ¿cómo se comprende la reacción y los sentimientos de los personajes??

COLABORA

Coméntalo Vuelve a leer las páginas 224 y 225. Comenta con un compañero o una compañera el sueño de Santiago.

Cita evidencia del texto ¿Qué siente y qué quiere Santiago? Completa el organizador gráfico con evidencia del texto.

ACUÉRDATE

Puedo utilizar estos marcos de oración cuando comento los sentimientos de los personajes:

Las descripciones vívidas me permiten...

Comprendo que Santiago siente...

Evidencia del texto	Conclusión

Escribe A partir de las descripciones vívidas comprendo _____

_____

_____

¿De qué manera te permiten las comparaciones entender el texto?

Coméntalo Vuelve a leer las páginas 227 y 228. Comenta en parejas los símiles y las metáforas.

Cita evidencia del texto ¿Qué concluyes de los símiles y las metáforas? Escribe tu respuesta en el organizador gráfico.

Símil y metáfora	Conclusión

Escribe A partir de las comparaciones _____

_____

Tu turno

Piensa en cómo narra el autor el relato mediante diálogos y descripciones vívidas. ¿De qué manera te ayuda esto a entender cómo se sentía Santiago mientras intentaba rescatar al ave? Organiza las evidencias del relato a partir de estos marcos de oración:

Por el diálogo entre Santiago y el viejo pude saber que...

Santiago y Emilio...

El autor describe lo que sucede para...

¡Conéctate!
Escribe tu respuesta en línea.

"Caja de ideas"

Escena 1

1 **César** *(mirando a la Sra. Cerda):* ¿Cómo se llama la caja que está haciendo?

2 **Sra. Cerda:** Se llama nicho. Este está inspirado en mi madre. Primero hice una caja de hojalata, luego perforé el diseño con un martillo y un punzón, una especie de clavo grueso, pero no tan afilado. ¿Ves cómo los puntos forman una flor? Es una dalia, la flor favorita de mi madre.

3 **César:** También es la flor nacional de México.

4 **Sra. Cerda:** Es verdad, lo es.

5 **Inés** *(riéndose):* ¡Oye, César! Deja de molestar a mi mamá.

6 **Julio:** Te dije que era muy pequeño para ayudar.

7 **Silvia:** Podríamos lavar autos.

8 **Inés:** ¡De ninguna manera! Todavía tengo las manos peladas desde la última vez.

9 **César** *(observando el proyecto de la Sra. Cerda):* ¿Y esas fotos?

10 **Sra. Cerda:** Esta es una fotografía de mi madre y esta es la casa donde creció. Era un rancho situado al occidente de Ciudad de México, a casi tres horas.

Vuelve a leer y haz anotaciones en el texto siguiendo las instrucciones.

Vuelve a leer las intervenciones 1 y 2. Encierra en un círculo en qué se inspira la Sra. Cerda para hacer lo que está haciendo. Luego, enumera los pasos que la Sra. Cerda describe. Escribe los números en el margen.

COLABORA

Comenta con un compañero o una compañera por qué incluye el autor las instrucciones para hacer un nicho. Vuelve a leer las intervenciones 5 y 6. ¿Qué anticipaciones hay? Subráyalas y escríbelas aquí:

_____

Escena 2

Ambiente: *feria escolar, tres semanas después*

1. (*Inés, Silvia, Julio y César están detrás de una mesa con un letrero hecho a mano que dice: "Nichos del vecindario". Hay un nicho sobre la mesa. La Sra. Cerda pasa, lo toma y observa el interior*).

2. **Sra. Cerda:** Estoy asombrada. Todos ustedes se han vuelto expertos en fabricar nichos. Este es muy bonito.

3. **Inés:** ¡Tú me diste la caja de zapatos!

4. **Silvia:** Yo le puse las puertas, provienen de una caja de cartón de una tienda.

5. **Julio:** Este es un homenaje a Main Street. Tomé fotografías de las tiendas y autos, y mi tío las imprimió.

6. **César:** Yo le pedí al Sr. Marsalis, el electricista del barrio, algo de cable para los troncos de los árboles, mientras que las copas están hechas del hilo que la Sra. Miller nos regaló.

7. **Inés:** Yo puse las tapas de las botellas para hacer las llantas de los autos.

8. **Sra. Cerda:** Muy ingeniosos. De verdad estoy impresionada con su inventiva.

Vuelve a leer el párrafo 1. Subraya la evidencia de que el escenario cambió. .

Vuelve a leer las intervenciones 4 a 8. Encierra en círculo cómo elaboran Inés, Silvia y César un nicho.

COLABORA

Comenta en parejas cómo se le ocurrió César la idea de construir nichos. Luego usa tus notas para hablar acerca de cómo lograron los estudiantes que los vecinos se involucraran. Utiliza evidencias del texto en tu respuesta. Escríbela aquí:

_____

_____

_____

_____

_____

_____

¿De qué manera el título "Caja de ideas" me permite comprender el tema de la obra?

COLABORA

Coméntalo Vuelve a leer los fragmentos de las páginas 84 y 85. Comenta en parejas qué es un nicho y qué comentan César y la Sra. Cerda.

Cita evidencia del texto ¿A partir de qué evidencias puede comprenderse que el nicho de la Sra. Cerda fue la inspiración de los nichos del vecindario? Completa el organizador gráfico.

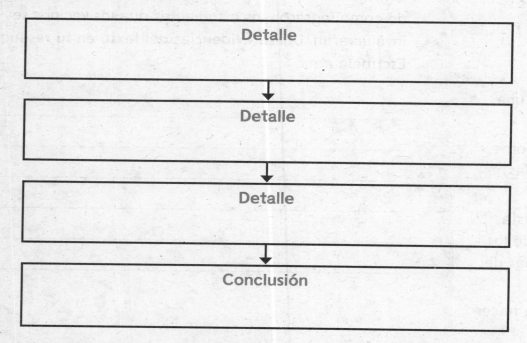

Detalle

Detalle

Detalle

Conclusión

Escribe El título "Caja de ideas" me permite comprender el tema de la obra de teatro _____

_____

¿En qué se parecen **"Los tres bueyes"**, *Aviador Santiago* y "Caja de ideas"?

Coméntalo Comenta con un compañero o una compañera la moraleja del poema.

Cita evidencia del texto ¿Qué pasa con los bueyes y por qué? Subraya la moraleja del poema.

Escribe El poema y las selecciones que leí esta semana se asemejan en _____

_____

_____

_____

ACUÉRDATE

Cuando leo el poema, identifico la moraleja. Así puedo compararlo con las selecciones que leí esta semana.

Los tres bueyes

Tres bueyes, bien seguros
contra lobos y apuros,
en fraternal concordia
partían una dehesa...
Cuando súbito entre ellos se atraviesa
frenética discordia.
El lobo que se alampa
por tales descarríos,
cobra en el acto bríos,
y uno por uno a todos tres se zampa.
—¡Unión, paisanos míos,
u os llevará la trampa!

Rafael Pombo

El mundo de Gabito

Antología de literatura,
páginas 234–243

¿De qué manera te permite comprender la autora la importancia de la casa de los abuelos de Gabito?

COLABORA

Coméntalo Vuelve a leer la página 236. Comenta con un compañero o una compañera la importancia de la casa de los abuelos de Gabito.

Cita evidencia del texto ¿Qué evidencias del texto te permiten entender la importancia de la casa de sus abuelos? Completa el organizador gráfico.

Evidencias del texto	Qué revelan

Escribe La autora me permite comprender la importancia de la casa de los abuelos de Gabito a partir de _____

_____

LECTURA ATENTA

Consejo de la semana

Cuando **vuelvo a leer,** pienso en cómo la autora incluye palabras clave en el texto para resaltar hechos importantes de la vida del premio nobel.

Daniel

Purestock/SuperStock

¿De qué manera te permiten los adjetivos de la comparación entre Europa y América comprender el punto de vista de Gabito?

COLABORA

Coméntalo Vuelve a leer la página 241. Comenta con un compañero o una compañera cuáles son los adjetivos utilizados por la autora cuando se refiere a la comparación entre América y Europa realizada por Gabo.

Cita evidencia del texto ¿Qué te revelan los adjetivos con los que Gabo describe y compara América y Europa? Completa el organizador gráfico.

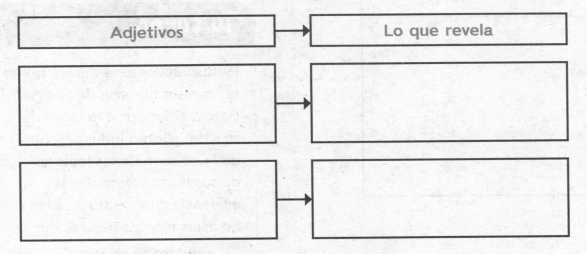

Adjetivos	→	Lo que revela

Escribe Los adjetivos incluidos me permiten comprender el punto de vista de Gabo a partir de _____

_____

_____

Puedo utilizar estos marcos de oración cuando comento los adjetivos y sus significados:

El autor incluye este tipo de adjetivos para... Significa...

El adjetivo me revela...

¿Cómo te revela la fotografía la importancia que tuvieron para el escritor sus raíces a la hora de escribir sus obras?

Coméntalo Vuelve a leer la página 243 y observa la fotografía. Comenta en parejas la fotografía de Gabo.

Cita evidencia del texto ¿Qué palabras usa la autora para referirse al discurso de Gabo? Registra tu respuesta en el organizador gráfico.

Detalles	Lo que revela

Escribe A partir de la fotografía infiero que _____

_____

_____

Tu turno

Piensa en cómo la autora relata la travesía literaria de Gabriel García Márquez a lo largo de su vida. ¿Cómo influyó Gabito en la opinión de los lectores de sus libros? Organiza las evidencias del relato a partir de estos marcos de oración:

La autora se refiere a...

La fotografía revela que Gabito era...

La autora resalta este hecho... Además...

¡Conéctate!
Escribe tu respuesta en línea.

"Una vida entre canciones"

Ilustraciones de David Niño

1   A medida que iba creciendo, el amor de María Elena Walsh por la literatura se volvía más profundo. Cuando leía se transportaba a un mundo posible más bello, más libre y más justo. Antes de cumplir los diez años comenzó a escribir sus propias poesías. Con apenas catorce, publicó uno de sus poemas en una revista llamada *El Hogar*. Y es que desde muy pequeña María Elena tuvo una meta. Esa meta era convertirse en escritora y artista. Pero para alcanzar esa meta, debió esforzarse y habituarse a la disciplina del trabajo serio, diario y minucioso. Finalmente, su persistencia dio frutos. Con apenas 17 años ganó un premio importante por su poesía. Su empeño y dedicación comenzaron a despertar la admiración de quienes la rodeaban. Su padre Enrique, su madre Lucía, su hermana Susana, y también sus amigos, ya no veían en María Elena a una tímida adolescente que amaba la lectura. Ahora notaban que se estaba convirtiendo en una verdadera escritora. Era un modelo de joven mujer que día a día luchaba por lograr sus metas y sueños.

Vuelve a leer y haz anotaciones en el texto siguiendo las instrucciones.

Vuelve a leer el párrafo 1. Subraya la meta que María Elena Walsh se había trazado desde pequeña y resalta la posible razón por la que decidió seguir ese camino.

Ahora encierra en un círculo qué hizo María Elena Walsh para alcanzar la meta que se había propuesto.

COLABORA

Comenta con un compañero o una compañera las evidencias del texto que te indiquen que el esfuerzo de María Elena Walsh empezaba a dar frutos. Encierra en un recuadro las evidencias que sustenten tu respuesta.

2   Durante su adolescencia María Elena publicó varios de sus poemas en periódicos y revistas. Con el apoyo de su familia, a los diecisiete años publicó su primer libro, *Otoño imperdonable*. Esta publicación era otra meta que se había propuesto y que le costó un esfuerzo adicional. Como en ese momento no había ninguna editorial dispuesta a publicar a una autora tan joven, decidió pagar ella misma la edición con unos ahorros que su papá Enrique y su mamá Lucía le habían reunido y guardado cuidadosamente. El libro recibió el aplauso del público en general y de la crítica especializada. Desde ese momento, María Elena Walsh dejó de ser una niña con inquietudes literarias y pasó a ser una joven respetada y admirada por el mundo de las letras y la cultura argentinas. A sus diecinueve años la invitaron a viajar a Estados Unidos. Fue capaz de reunir su propio dinero para pagarse el viaje y así logró vivir una experiencia muy enriquecedora para su formación como escritora. Vivió seis meses en Washington D. C., y luego regresó a la Argentina. Pero al poco tiempo armó de nuevo sus maletas y emprendió un recorrido por Chile, Perú, Panamá y Cuba, hasta que, finalmente, cruzó el océano y llegó a París.

Vuelve a leer el párrafo 2. Encierra en un círculo las palabras u oraciones que definen o revelan rasgos de la personalidad de la escritora María Elena Walsh.

COLABORA

¿Por qué resalta la autora los logros alcanzados por María Elena Walsh en el campo de la literatura? Comenta con un compañero o una compañera cómo influyeron los logros literarios en la vida de la escritora. Encierra en un recuadro las claves que sustenten tu respuesta.

Cuando vuelvo a leer, puedo entender cómo los sucesos que relata la autora me permiten visualizar y reconocer el carácter de los personajes.

¿De qué manera te permiten las descripciones sobre María Elena Walsh comprender su carácter?

COLABORA

Coméntalo Vuelve a leer los fragmentos de las páginas 91 y 92. Comenta con un compañero o una compañera las descripciones sobre María Elena Walsh.

Cita evidencia del texto ¿Qué particularidades del carácter de María Elena Walsh revela la autora al describirla? Completa el organizador gráfico.

Ilustraciones de David Niño

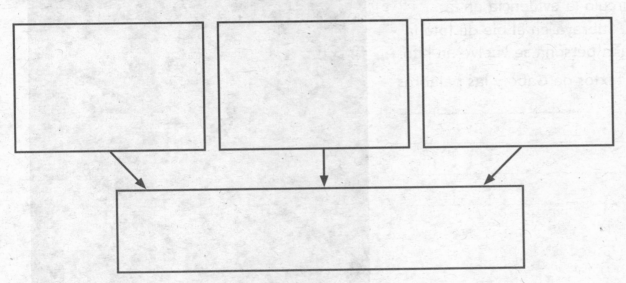

Escribe Las descripciones realizadas por la autora me permiten comprender el carácter de María Elena Walsh al _____

_____

¿Cómo pueden compararse el avance de Robert Cornelius en la fotografía con las narraciones de Gabo y con las decisiones de María Elena Walsh?

COLABORA

Coméntalo Observa la fotografía y lee el pie de foto. Comenta en parejas lo que hace Robert Cornelius en la fotografía y cómo se compara esto con Gabo y María Elena Walsh.

Cita evidencia del texto Encierra en un círculo la evidencia en la fotografía con la que entiendes su hazaña. Subraya en el pie de foto la evidencia que te permite entender cómo una persona se vuelve un hito.

Escribe El avance de Robert Cornelius, los textos de Gabo y las palabras de María Elena Walsh se parecen en _____

_____

_____

_____

 ACUÉRDATE

Puedo utilizar las evidencias de la fotografía y el pie de foto para comparar la fotografía con las selecciones que leí esta semana.

Library of Congress Prints and Photographs Division [LC-USZC4-5001]

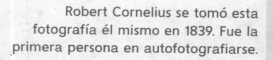

Robert Cornelius se tomó esta fotografía él mismo en 1839. Fue la primera persona en autofotografiarse.

Responsables del medioambiente

¿Cómo emplea el autor la información sobre el presidente Theodore Roosevelt que aparece al inicio del texto para reforzar su propósito?

Antología de literatura, páginas 250–253

COLABORA

Coméntalo Vuelve a leer la página 251. Comenta en parejas los esfuerzos de Theodore Roosevelt para conservar el medioambiente.

Cita evidencia del texto ¿Cómo realiza el autor la transición del trabajo de Roosevelt a las actividades que ejecutan algunos de los ambientalistas de hoy? Completa el organizador gráfico con evidencias del texto.

Evidencias en el texto	Esto significa

Escribe La información sobre el presidente Roosevelt le sirve al autor para

_____

_____

LECTURA ATENTA **Consejo de la semana**

Cuando **vuelvo a leer**, pienso en cómo las distintas ideas del texto están relacionadas y cómo se conectan con el propósito del autor.

Fatima

Zurijeta/iStock/360/Getty Images

¿Cómo utiliza el autor las características del texto para permitirte comprender la importancia del reciclaje?

 ACUÉRDATE

Cuando vuelvo a leer, puedo utilizar las características del texto para comprender mejor el tema del texto.

Coméntalo Vuelve a leer la página 253. Comenta con un compañero o una compañera sobre qué se requiere para iniciar un programa de reciclaje.

Cita evidencia del texto ¿De qué manera la organización de la información te permite comprenderla mejor? Completa el organizador gráfico.

Diagrama de flujo	Fotografía y pies de foto	Cómo te sirve de apoyo

Escribe El autor utiliza las características del texto para permitirme comprender la importancia del reciclaje a partir de _____

_____

_____

Tu turno

¿Qué opinión tiene el autor de las personas que trabajan para solucionar problemas medioambientales? Utiliza estos marcos de oración para organizar tus evidencias del texto.

El autor inicia el texto con...

Él comparte su opinión por medio de...

Esto me permite entender que...

¡Conéctate!
Escribe tu respuesta en línea.

"Transporte moderno para una ciudad antigua"

1   En septiembre de 1997, Atenas tuvo el honor de ser elegida sede de los Juegos Olímpicos de verano del 2004. La promesa de modernizar el metro para transportar a los espectadores fue determinante para tomar la decisión. La mayoría de las personas que viven en las ciudades son defensoras del transporte público, pues los buses y trenes llevan un gran número de personas y reducen el consumo de combustibles fósiles. Incluso una ciudad tan antigua como Atenas puede y debe tener un sistema de transporte público "ecológico", haya o no Olímpicos.

2   Grecia tiene una población cercana a los 10.5 millones de habitantes y casi la mitad vive en Atenas. Antes de 1994, las emisiones contaminantes provenientes de los autos y otros vehículos no estaban reguladas y el esmog cubría con frecuencia la ciudad. El aire contaminado afectaba la salud de las personas y deterioraba los tesoros del patrimonio cultural griego.

Molly Evans/Alamy

Vuelve a leer y haz anotaciones en el texto siguiendo las instrucciones.

Subraya en el párrafo 1 la oración que plantea el argumento del autor. Vuelve a leer el párrafo 2. Encierra en un círculo varias palabras y oraciones que describan a Atenas antes del transporte público.

COLABORA

Vuelve a leer los párrafos 1 y 2. Comenta en parejas lo que piensa el autor sobre el transporte público. Utiliza las evidencias del texto para sustentar tu respuesta. Escríbela aquí:

_____

_____

_____

¿De qué manera utiliza el autor el lenguaje descriptivo para permitirte visualizar el transporte público y entender su punto de vista?

COLABORA

Coméntalo Vuelve a leer el fragmento de la página 97. Comenta con un compañero o una compañera la manera como el autor describe el transporte público.

Cita evidencia del texto ¿Qué claves te permiten comprender el punto de vista del autor acerca del transporte público? Completa el organizador gráfico.

Detalles del texto	Esto significa

Escribe El autor revela su punto de vista acerca del transporte público mediante

_____

_____

_____

Molly Evans/Alamy

¿**Cómo se asemeja la manera como el fotógrafo encuadra la ciudad nueva de Lingang con la manera como los autores organizan el texto en *Defensores del medioambiente* y "Transporte moderno para una ciudad antigua"?**

ACUÉRDATE

Cuando observo la fotografía, puedo compararla con lo que he leído sobre otros entornos.

COLABORA

Coméntalo Observa la fotografía y lee el pie de foto. Comenta en parejas lo que ven en ella y las posibles razones por las que el fotógrafo usó este ángulo para fotografiar Lingang.

Cita evidencia del texto Encierra en un círculo los detalles de la fotografía que consideres que el fotógrafo quiso resaltar con este encuadre. Subraya evidencia en el pie de foto que sustente la idea que el autor quiere transmitir.

Escribe El fotógrafo y los autores organizan su información con el fin de ayudarme a _____

_____

_____

_____

_____

_____

Esta área residencial de la ciudad nueva de Lingang, China, tiene filas de apartamentos con paneles solares en el techo. Lingang es un proyecto de "ciudad verde" cuya fuente de energía es exclusivamente solar. Además, cuenta con tecnología ahorradora de energía y transporte eléctrico.

George Hammerstein/Corbis/Glow Images

Releer

Años de polvo

¿De qué manera utiliza el autor notas al margen para ayudarte a entender cuán extremo puede ser el clima en las Grandes Llanuras?

Antología de literatura: páginas 256–271

Coméntalo Vuelve a leer la nota al margen de la página 259. Comenta con un compañero o una compañera cómo era el invierno en las Grandes Llanuras.

Cita evidencia del texto ¿Qué oraciones describen la intensidad del invierno en las Grandes Llanuras? Escribe tu respuesta en el organizador gráfico.

Evidencias del texto	Infiero que el invierno

Escribe El autor emplea notas al margen para ayudarme a entender cuán extremo puede ser el clima en las Grandes Llanuras al _____

_____

_____

Consejo semana

LECTURA ATENTA

Cuando **vuelvo a leer,** puedo utilizar las características del texto para entender mejor el tema. Busco evidencia del texto para responder las preguntas.

Ben

¿A partir de qué detalles descriptivos puedes visualizar los efectos del calor?

COLABORA

Coméntalo Vuelve a leer las páginas 266 y 267. Comenta con un compañero o una compañera cómo emplea el autor la palabra *insolaron*.

Cita evidencia del texto ¿Qué información te revela cómo era vivir en las Grandes Llanuras durante las olas de calor? Completa el organizador gráfico con evidencia del texto.

Puedo utilizar estos marcos de oración cuando comento sobre el calor:

El autor menciona que las personas se insolaron porque...

Comprendo que el calor en la época de sequía....

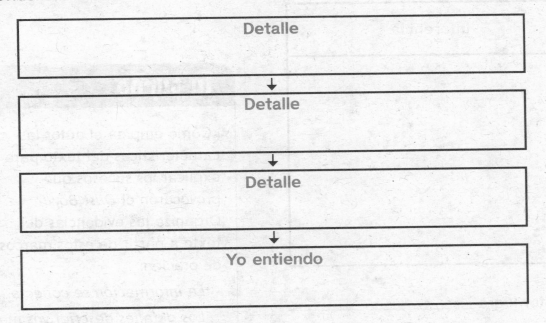

Detalle

↓

Detalle

↓

Detalle

↓

Yo entiendo

Escribe Puedo visualizar los efectos del calor a partir de detalles descriptivos como _____

_____

¿? **¿Qué logra el autor al incluir el informe de un testigo en el relato?**

COLABORA

Coméntalo Vuelve a leer la página 270. Comenta con un compañero o una compañera cómo debió haber sido presenciar una tormenta de polvo.

Cita evidencia del texto ¿Qué detalles del testimonio de A. D. Kirk sobre el desplazamiento de una tormenta de polvo te permiten visualizar esta experiencia? Escribe tu respuesta en el organizador gráfico.

Evidencia del texto	Inferencia

Escribe Al incluir el informe de un testigo el autor logra _____

_____

Tu turno

¿Cómo emplea el autor las características del texto para explicar los sucesos que provocaron el *Dust Bowl*? Organiza las evidencias del texto a partir de estos marcos de oración:

La información se conecta...

Los detalles descriptivos me permiten visualizar...

Albert Marrin emplea...

¡Conéctate!
Escribe tu respuesta en línea.

"Erica Fernandez: activista medioambiental"

¿De qué manera te ayuda el autor a entender las razones por las cuales Erica decidió trabajar en favor del medioambiente?

COLABORA

Coméntalo Vuelve a leer la página 274. Comenta en parejas sobre la juventud de Erica cuando inició su lucha en favor del medioambiente.

Cita evidencia del texto ¿Qué frases evidencian la problemática de construir una planta en la zona? Completa el organizador gráfico.

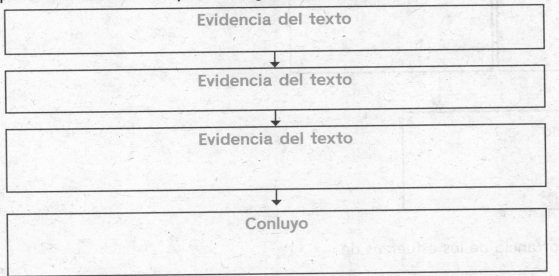

Evidencia del texto

↓

Evidencia del texto

↓

Evidencia del texto

↓

Conluyo

Escribe El autor me ayuda a conocer las motivaciones de Erica mediante

_____

_____

¿Cómo te ayuda el autor a entender la importancia de los esfuerzos de Erica?

Coméntalo Vuelve a leer la página 274. Comenta con un compañero o una compañera el significado de la palabra *movilizar*.

Cita evidencia del texto ¿Qué información te permite comprender que los esfuerzos de Erica estaban siendo reconocidos? Completa el organizador gráfico con evidencia del texto.

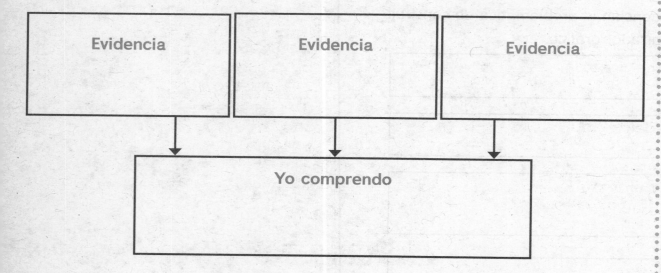

Escribe El autor me ayuda a entender la importancia de los esfuerzos de Erica al _____

_____

_____

ACUÉRDATE

Puedo utilizar estos marcos de oración cuando comento sobre los logros de Erica:

El autor menciona que Erica quería movilizar a las personas porque...

Con base en esto, entiendo que Erica...

¿Por qué incluye el autor el discurso de Erica?

Coméntalo Vuelve a leer la página 275. Comenta con un compañero o una compañera sobre los sentimientos de Erica al recibir el premio.

Cita evidencia del texto ¿Qué detalles del discurso de Erica te permiten entender sus motivaciones y su punto de vista? Completa el organizador gráfico con evidencia del texto.

Evidencias	Conclusión

Escribe El autor incluye el discurso de Erica porque _____

_____

_____

ACUÉRDATE

Cuando vuelvo a leer, observo que las palabras de las citas me permiten comprender el punto de vista de otros.

¿? **¿De qué manera evidencia el fotógrafo cómo vencen las personas retos medioambientales de una forma similar a los autores de *Años de polvo* y "Erica Fernández: activista medioambiental"?**

COLABORA

Coméntalo Observa la fotografía y lee el pie de foto. Comenta con un compañero o una compañera acerca de los retos que deben vencer a diario los Uros.

Cita evidencia del texto Encierra en un recuadro un reto que los Uros enfrentan. A continuación encierra en un círculo tres ejemplos de cómo vencen este reto. Luego subraya las evidencias del texto en el pie de foto que te permiten comprender de qué manera viven los Uros.

Escribe Así como Érica Fernández y las personas de *Años de polvo,* los Uros deben _____

_____

_____

_____

_____

_____

 **ACUÉRDATE**

Puedo ver que los Uros enfrentan muchos retos. Esto me permite comparar la fotografía con las selecciones que leí esta semana.

Glow Images

Los Uros viven en la bahía de Puno, Perú, sobre el lago Titicaca. Ellos utilizan los juncos que crecen abundantemente en el fondo del lago para construir las islas, los botes, sus casas y casi todo lo que necesitan.

Gaby Brimmer

¿Cómo te permite comprender la autora el carácter de Gaby a partir de las descripciones del juego entre ella y los amigos de su hermano?

Antología de literatura: páginas 276–285

COLABORA

Coméntalo Vuelve a leer el último párrafo de la página 278. Conversa con un compañero o una compañera cómo jugaba fútbol Gaby.

Cita evidencia del texto ¿Qué información te permite identificar el carácter de Gaby? Escribe tu respuesta en el organizador gráfico.

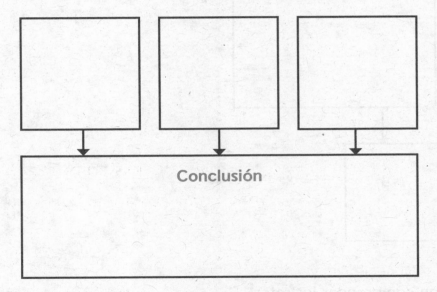

Conclusión

Escribe La autora me permite comprender el carácter de Gaby al _____

_____

_____

LECTURA ATENTA Consejo de la semana

Cuando **vuelvo a leer,** observo los detalles que me permiten identificar el carácter de los personajes. Busco evidencias del texto para responder las preguntas.

María

Phillip Spears/Stockbyte/Getty Images

¿Cómo te permiten los detalles incluidos por la autora comprender los retos que debe afrontar Gaby para estudiar y su actitud al respecto?

 COLABORA

Coméntalo Vuelve a leer el texto de la página 281. Conversa con un compañero o una compañera sobre la carta que Gaby le escribe a su profesor.

Cita evidencia del texto ¿Qué detalles te indican los retos que Gaby debe afrontar para estudiar? Completa el organizador gráfico.

 ACUÉRDATE

Puedo utilizar estos marcos de oración cuando comento cómo incluye la autora detalles sobre las dificultades que se le presentan a Gaby para estudiar:

Elena Poniatowska incluye detalles como...

Esto me permite comprender mejor los retos que afronta Gaby al...

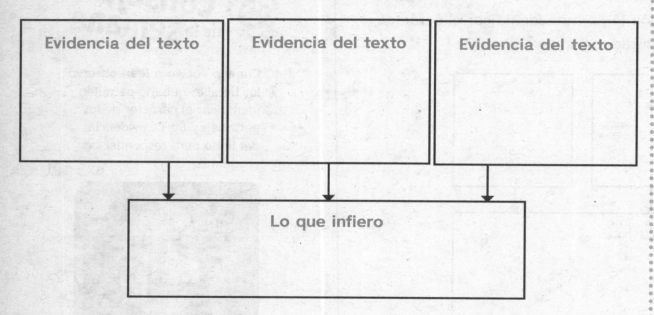

Evidencia del texto	Evidencia del texto	Evidencia del texto

Lo que infiero

Escribe Los detalles incluidos por la autora me permiten comprender los retos que Gaby debe afrontar al _____

_____

_____

¿Cómo te sirven los detalles descriptivos que incluye la autora para determinar el tipo de vida que lleva Gaby y su actitud frente a esta?

Coméntalo Vuelve a leer la página 283. Conversa con un compañero o una compañera acerca del viaje de Gaby a Oaxaca y de su posterior rol de madre.

Cita evidencia del texto ¿Qué detalles descriptivos te permiten comprender la situación de Gaby y su actitud con respecto a su discapacidad? Escribe tu respuesta en el organizador gráfico.

Detalles descriptivos	Lo que comprendo

Escribe Los detalles descriptivos incuidos por la autora me permiten determinar el tipo de vida que lleva Gaby y su actitud con respecto a esta al _____

_____

_____

Tu turno

¿De qué manera los detalles descriptivos le sirven a la autora para reflejar la manera en que Gaby Brimmer superó sus retos personales? Organiza las evidencias del relato a partir de estos marcos de oración:

La autora busca…

Ella refleja el mundo interior de Gaby…

Esto es importante porque…

¡Conéctate!
Escribe la respuesta en línea.

"¡Labra tu futuro!"

[1] Cuentan que en una región desértica del Oriente Medio, hace miles de años, vivió un hombre que se había cansado de vivir a merced de los caprichos de la naturaleza. Se cansó del sol implacable y de las tormentas de arena. Se cansó también de vivir en una tienda hecha de pieles de animales que le ofrecía poca protección. Decidió entonces construir una casa mejor para él y su familia. Recolectó rocas y las convirtió en bloques. Con estos construyó cimientos sólidos y sobre ellos levantó paredes hechas de rocas también talladas por él. Como es de imaginarse, esto representó un enorme esfuerzo. Tuvo que enfrentarse a los elementos de los cuales trataba de protegerse: el viento, el sol, la arena. A pesar de esos impedimentos, no se desalentó nunca. Continuó hasta que la casa estuvo terminada. Esta le brindó albergue seguro por muchos años y, con el tiempo, pasó a sus hijos y a los hijos de sus hijos y así, durante muchas generaciones.

[2] Los conocimientos, como la casa del cuento, ofrecen protección y comodidad ante los desafíos y contratiempos de la vida. Ayudan a enfrentarlos y a superarlos.

Vuelve a leer y haz anotaciones en el texto siguiendo las instrucciones.

Vuelve a leer el párrafo 1. Subraya las razones por las que el hombre decidió construir una casa mejor para él y su familia. Luego encierra en un recuadro los tres pasos que siguió para construir la casa. Escríbelos aquí:

1. _____
2. _____
3. _____

COLABORA

Vuelve a leer el párrafo 2. Comenta con un compañero o una compañera sobre la comparación entre la casa del cuento y los conocimientos realizada por el autor. Luego encierra en un círculo los beneficios de los conocimientos.

Ilustraciones de Erika Meza

3   Desde temprana edad comienza el aprendizaje: aprendiste de tus padres y de todos los que te rodeaban; comenzaste a hablar, a caminar y adquiriste otras destrezas básicas. Estas te permitieron, al llegar a la edad escolar, obtener otros conocimientos a través de lecciones, libros y diversos materiales y actividades. Este saber adquirido durante la primera etapa de tu vida equivale a los cimientos que fabricó el protagonista del cuento: son la base sobre la cual edificarás tu futuro.

4   El hombre del cuento siguió construyendo más allá de los cimientos hasta terminar la casa. El proceso de aprendizaje tampoco se detiene en el nivel primario. Como las paredes de la casa, continúa hasta culminar en otros niveles, ya sea ocupacionales, técnicos o universitarios, que equivalen a la parte superior de las paredes, que a su vez sostienen el techo que protege el interior de la casa. Estos logros te garantizarán un futuro de protección y seguridad.

Vuelve a leer el párrafo 3. Subraya las bases sobre las que, según el autor, edificarás tu futuro. A continuación encierra en un círculo el mensaje que quiere transmitir el autor. Escríbelo con tus propias palabras.

_____

_____

COLABORA

Vuelve a leer el párrafo 4. Habla con un compañero o una compañera acerca de los niveles de aprendizaje que corresponden a la parte superior de la casa y que sostienen el techo. Encierra en un recuadro la frases u oraciones que sustenten tu respuesta. Escríbelas aquí:

_____

_____

¿Cómo te permite comprender el autor, a partir del punto de vista en segunda persona, la importancia de la formación y el conocimiento?

COLABORA

Coméntalo Vuelve a leer el fragmento de la página 111. Comenta con un compañero o una compañera sobre la importancia de la formación y el conocimiento para edificar tu futuro.

Cita evidencia del texto ¿Qué evidencias te permiten saber el punto de vista que empleó el autor para transmitir su mensaje? Escribe tu respuesta en el organizador gráfico.

ACUÉRDATE

Cuando vuelvo a leer, presto atención al punto de vista que empleó el autor en la selección para acercarse directamente al lector.

Evidencias en el texto

Punto de vista

Escribe El autor me permite comprender la importancia de la formación y el conocimiento a partir del punto de vista en segunda persona al _____

_____

Ilustraciones de Erika Meza

¿De qué manera la forma como el poeta y los autores de *Gaby Brimmer* y "¡Labra tu futuro!" utilizan las palabras y las frases te permite comprender el tema o el mensaje de sus textos?

COLABORA

Coméntalo La palabra *invictus*, del latín, significa inconquistable o invencible. Lee el poema. Comenta con un compañero o una compañera por qué este es un buen título para el poema.

Cita evidencia del texto Subraya las palabras y las frases que te permiten visualizar la manera en que la voz poética lidia con los retos que enfrenta. Luego encierra en un círculo cómo se siente la voz poética con respecto a sí mismo y a sus retos.

Escribe El poeta y los autores utilizan palabras y las frases que me permiten entender _____

_____

_____

_____

_____

ACUÉRDATE

En el poema se cuenta cómo la voz poética supera un reto. Esto me permite compararlo con las selecciones que leí esta semana.

Invictus

Más allá de la noche que me cubre,
negra como el abismo insondable,
doy gracias al dios que fuere
por mi alma inconquistable.
En las garras de las circunstancias
no he gemido ni llorado.
Sometido a los golpes del destino
mi cabeza sangra, pero está erguida.
Más allá de este lugar de ira y llantos
donde yace el horror de la sombra,
la amenaza de los años
me halla, y me hallará sin temor.
No importa cuán estrecho sea el camino,
ni cuán cargada de castigos la sentencia,
soy el amo de mi destino,
soy el capitán de mi alma.

— William Ernest Henley.

El caso del marcador mágico revoltoso: un misterio para Mickey Rangel

Antología de literatura: páginas 292–301

¿De qué manera crea el autor conflicto a partir de los diálogos?

COLABORA

Coméntalo Vuelve a leer la página 294. Comenta con un compañero o una compañera la conversación entre Mickey y la directora Abrego.

Cita evidencia del texto ¿Qué frases emplea el autor para presentar el conflicto entre los personajes? Escribe tu respuesta en el organizador gráfico.

Evidencia del texto	¿Cómo presenta el conflicto?

Escribe El autor crea conflicto a partir de los diálogos al _____

_____

Consejo semana

Cuando **vuelvo a leer** una obra de teatro, presto atención a los diálogos para entender los conflictos entre los personajes. Busco evidencias del texto para responder las preguntas.

Naomi

¿? A partir del diálogo, ¿cómo infieres que hay un conflicto entre Bucho y Mickey?

COLABORA

Coméntalo Vuelve a leer la página 298. Comenta con un compañero o una compañera sobre la personalidad de Bucho.

Cita evidencia del texto ¿Qué características del texto te permiten inferir lo que sucede entre los personajes? Completa el organizador gráfico con evidencia del texto.

Evidencia	Lo que infiero

Escribe A partir del diálogo infiero que hay un conflicto en los personajes mediante _____

¿Cómo crea el autor suspenso a partir de ciertas expresiones?

COLABORA

Coméntalo Vuelve a leer la página 301. Comenta con un compañero o una compañera sobre el final de la obra.

Cita evidencias del texto ¿Qué expresiones utilizadas por el autor crean suspenso? Escribe tu respuesta en el organizador gráfico.

Expresiones	Suspenso

Escribe El autor crea suspenso a partir de ciertas expresiones al _____

_____

_____

ACUÉRDATE

Cuando vuelvo a leer, presto atención a los diálogos para entender cómo crea suspenso el autor.

Tu turno

¿De qué manera el autor genera situaciones conflictivas en la obra de teatro y cómo influyen estas en las decisiones que toma Mickey? Organiza las evidencias del relato a partir de estos marcos de oración:

El autor genera tensión...

Puedo ver la familiaridad de estos personajes porque...

En esta escena puedo ver que el personaje de Bucho...   .

¡Conéctate!
Escribe tu respuesta en línea.

"Decisiones dramáticas: el teatro a lo largo de la historia"

"Teatro griego antiguo y teatro romano"

1   Durante esta época dorada del teatro, los griegos hacían representaciones en anfiteatros al aire libre. Se construyeron escenarios circulares en las faldas de las montañas. Las sillas estaban dispuestas en semicírculo en las laderas, pero no eran como las que vemos actualmente, la audiencia de hasta 15,000 personas se sentaba sobre bloques de piedra. En las obras solo actuaban hombres y no había decorados ni utilería. Los actores vestían túnicas y llevaban grandes máscaras que podían ser vistas por el público sentado en las sillas más altas. Un coro hablaba al unísono para acompañar a los actores. Estas antiguas obras de teatro trataban sobre famosos personajes de la mitología o contaban la vida de los dioses griegos.

Vuelve a leer y haz anotaciones en el texto siguiendo las instrucciones.

Encierra en un círculo las evidencias del texto que te permiten visualizar cómo eran los teatros en la antigua Grecia. Escribe dos ejemplos:

1. _____

2. _____

Subraya la evidencia que indica quiénes actuaban en el teatro griego y cuál era su indumentaria.

COLABORO

Comenta con un compañero o una compañera sobre los temas de las obras de teatro en la antigua Grecia. Encierra en un recuadro la evidencia del texto que sustente tu respuesta.

Teatro estadounidense moderno

1. El teatro Dock Street en Charles-Towne, Carolina del Sur, ahora Charleston, fue construido en 1736. Y fue el primer edificio de las colonias estadounidenses erigido exclusivamente con este fin. Hoy, los actores trabajan en teatros de todo el país: desde los grandes escenarios de Nueva York hasta los pequeños teatros comunitarios. Pero algunos aspectos de la experiencia no han cambiado, como la popularidad de las obras en las que los personajes deben tomar decisiones difíciles.

2. Una obra de teatro moderna muy popular en Estados Unidos es *A Raisin in the Sun* de Lorraine Hansberry. La obra se centra en los Youngers, una familia afroamericana que vive en el sur de Chicago. Ambientada en la década de 1950, dramatiza la difícil decisión que tuvo que tomar la familia, que está por recibir una gran suma de dinero. Los Youngers adultos tienen ideas diferentes sobre lo que se debe hacer con el dinero. Todas son válidas, pero cada una tiene un objetivo diferente y excluye a las demás. Al final, se toman decisiones y los problemas se resuelven como lo esperaban los personajes.

Vuelve a leer el párrafo 1. Encierra en un círculo un aspecto de la experiencia del teatro que se mantiene en el presente. Luego vuelve a leer el párrafo 2 y subraya las oraciones que sustentan tu afirmación.

COLABORA

Comenta con un compañero o una compañera la trama de *A Raisin in the Sun*. ¿Por qué incluye el autor esta obra de teatro como ejemplo del teatro estadounidense moderno? En el margen, haz una marca para señalar las evidencias del texto que sustenten tu respuesta.

A partir de la evidencia del texto, ¿qué efecto tiene que el autor describa con detalle los tipos más importantes de teatro?

 **ACUÉRDATE**

Cuando vuelvo a leer, presto atención a la forma como el autor organiza la información para entender mejor el tema.

COLABORA

Coméntalo Vuelve a leer los fragmentos de las páginas 117 y 118. Comenta con un compañero o una compañera sobre las semejanzas y diferencias entre el teatro de la antigua Grecia y el teatro estadounidense moderno.

Cita evidencias del texto ¿Cómo organiza el autor la información? Completa el organizador gráfico con evidencia del texto.

Evidencia del texto

↓

Conclusión

Escribe El autor describe detalladamente cada tipo de teatro para _____

_____

¿De qué manera el fotógrafo y los autores de *El caso del marcador mágico revoltoso: un misterio para Mickey Rangel* y "Decisiones dramáticas: El teatro a lo largo de la historia" presentan algunos de los elementos del teatro?

COLABORA

Coméntalo Observa la fotografía y lee el pie de foto. Comenta con un compañero o una compañera qué crees que está pasando.

Cita evidencia del texto Encierra en un recuadro a los actores principales. Luego, encierra en un círculo a los actores secundarios. Escribe notas al margen que expliquen cómo puedes diferenciar unos de otros.

Escribe Al igual que los autores de *El caso del marcador mágico revoltoso: un misterio para Mickey Rangel* y "Decisiones dramáticas: El teatro a lo largo de la historia", el fotógrafo expone algunos elementos del teatro al _____

_____

_____

_____

_____

_____

ACUÉRDATE

Puedo reconocer en la fotografía algunas de las características del teatro. Esto me permite compararla con las selecciones que leí esta semana.

Rayman/Photodisc/Getty Images

Los actores de este grupo de teatro ensayan una escena de la próxima obra que van a presentar. El director les ayuda a decidir cómo cada actor debe representar a su personaje.

Releer

Día de prueba

¿Cómo expresa la autora la ironía de Daniela?

COLABORA

Coméntalo Vuelve a leer la página 311. Comenta en parejas la ironía de la narración.

Cita evidencia del texto ¿Qué evidencias del texto te permiten identificar la ironía de Daniela? Escribe tu respuesta en el organizador gráfico.

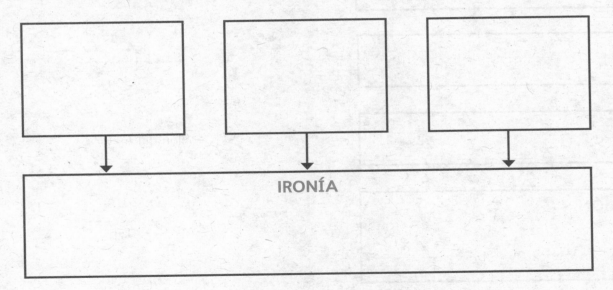

IRONÍA

Escribe La autora expresa la ironía de Daniela a partir _____

_____

XiXinXing/iStock/360/Getty Images

Antología de literatura:
páginas 308–317

LECTURA ATENTA

Consejo de la semana

Cuando **vuelvo a leer,** presto atención a la manera como la autora utiliza las características del texto para transmitir el tema del relato. Busco evidencias del texto para responder preguntas.

Leah

¿Cómo te permiten las características del texto entender mejor lo que siente Daniela?

COLABORA

Coméntalo Vuelve a leer la página 314. Comenta con un compañero o una compañera lo que siente Daniela.

Cita evidencia del texto ¿Qué identificas de Daniela mediante los diálogos y la narración? Escribe tu respuesta en el organizador gráfico.

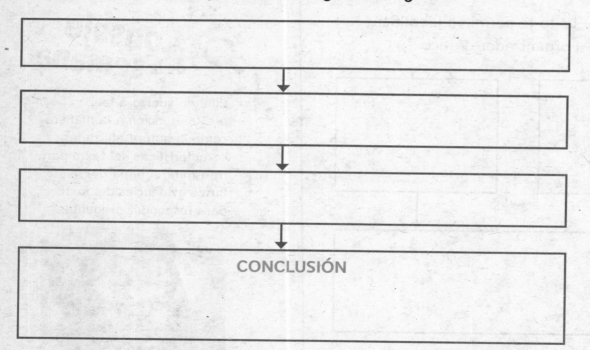

CONCLUSIÓN

Escribe Puedo entender mejor lo que siente Daniela a partir _____

_____

_____

**ACUÉRDATE**

Puedo utilizar estos marcos de oración cuando comento sobre cómo las características del texto pueden evidenciar los sentimientos de los personajes:

Daniela siente que...

Los diálogos me permiten...

La narración en primera persona me permite comprender que... porque...

¿Cómo expresa la autora que Daniela se identifica con su abuela?

 **ACUÉRDATE**

Cuando vuelvo a leer, presto atención a las palabras y las reacciones de los personajes en los diálogos para comprender lo que están sintiendo.

COLABORA

Coméntalo Vuelve a leer la página 316. Conversa con un compañero o una compañera sobre el diálogo entre Daniela y su abuela.

Cita evidencia del texto ¿Qué claves del texto te indican que Daniela se identifica con su abuela? Completa el organizador gráfico con evidencia del texto.

Evidencia	Qué te indican

Escribe La autora expresa que Daniela se identifica con su abuela mediante

_____

_____

Tu turno

¿Cómo emplea la autora las características del texto para transmitir el tema del relato? Organiza las evidencias del relato a partir de estos marcos de oración:

La autora espera…

La narración en primera persona y los diálogos… porque…

La autora busca…

¡Conéctate!
Escribe la respuesta en línea.

"La historia de Aminata"

1   Aminata respiró profundo, sonrió y empezó a bailar. También habló en mandinga y francés, y pudo ver en las caras de sus compañeros que se compenetraban con ella, pues, aunque no entendían las palabras, comprendían los movimientos.

2   Con las manos, creó las montañas de su aldea. Abrazó el aire para mostrar cómo ella y su madre se despidieron de sus parientes. Dio brincos para imitar el movido viaje hacia Dakar. Luego, hizo como si se pusiera un cinturón de seguridad, y cuando extendió los brazos y zumbó como un avión, sus compañeros de clase se rieron y aplaudieron.

Vuelve a leer y haz anotaciones en el texto siguiendo las instrucciones.

Vuelve a leer el párrafo 1. Encierra en un recuadro lo que hizo Aminata para calmarse antes de empezar su relato. Luego, encierra en un círculo la evidencia que te indica que este relato estaba siendo entendido por los demás.

COLABORA

Vuelve a leer el párrafo 2. Comenta con un compañero o una compañera los recursos que empleó Aminata para comunicar el relato a sus compañeros de salón. Subraya las evidencias que sustentan tu respuesta. Escribe dos ejemplos aquí:

1. _____

2. _____

Erin Bennett Banks

3   Aminata casi llora cuando imitó el reencuentro con su padre en el aeropuerto de Estados Unidos. Sus compañeros asintieron como si supieran exactamente cómo se había sentido al llegar aquí.

4   Cuando terminó, habló en todas las lenguas que conocía:

5   —*Abaraka bake. Merci beaucoup. Thank you very much. Muchas gracias.*

6   Luego les dijo algo desde lo profundo de su corazón, en la lengua de su pueblo.

7   —*Dankutoo le be n' teemaa.*

8   Quería decirles que se había creado un lazo entre ellos. La joven estrechó sus manos frente al pecho y sonrió, y todos en la clase entendieron. Volvieron a asentir. Aminata agregó en un inglés vacilante:

9   —*It is so good to be friends. Me alegra que seamos amigos.*

Vuelve a leer el párrafo 3. Encierra en un círculo las palabras que te sirven para entender cómo se siente Aminata mientras narra su relato. Luego encierra en un recuadro cómo reaccionaron sus compañeros al relato de Aminata.

COLABORA

Vuelve a leer los párrafos 4 a 9. Subraya cómo te ayuda el narrador a comprender lo que Aminata está diciendo. Comenta con un compañero o una compañera cómo se siente Aminata. Haz una marca en el margen, junto a la evidencia que te sirve para conocer los sentimientos de Aminata y de sus compañeros de clase. Escríbelos a continuación:

_____

_____

¿Cómo te permite el lenguaje descriptivo identificar lo que entienden los compañeros sobre la presentación de Aminata?

COLABORA

Coméntalo Vuelve a leer los fragmentos de las páginas 124 y 125. Comenta en parejas el lenguaje descriptivo del relato.

Cita evidencia del texto ¿De qué recursos se vale Aminata para comunicarse con sus compañeros? Escribe tu respuesta en el organizador gráfico.

Evidencia textual	Lo que comunica Aminata

Escribe El lenguaje descriptivo me permite identificar lo que entienden los compañeros de Aminata al _____

_____

_____

Cuando vuelvo a leer, presto atención a las acciones de los personajes para comprender cómo se sienten.

¿En que se parecen la forma como los autores de *Día de prueba* y "La historia de Animata" retratan a sus personajes principales y la forma como las personas están retratadas en la ilustración?

COLABORA

Coméntalo Observa la ilustración. Comenta con un compañero o una compañera las semejanzas y las diferencias que encuentras entre las distintas personas de la ilustración.

Cita evidencias del texto Encierra en un círculo dos evidencias de comunidad dentro de la diversidad. Luego encierra en un recuadro un ejemplo de cómo la gente comparte lo que tiene en común.

Escribe La forma como están retratadas las personas en la ilustración se parece a _____

_____

_____

_____

Ingram Publishing

LECTURA ATENTA

ACUÉRDATE

Observo en la ilustración a personas muy distintas con gustos en común. Esto me permite compararla con las selecciones que leí esta semana.

Este grabado en madera de un desfile en la inauguración de la Exhibición Internacional de artes, manufactura y productos mineros y del suelo, que tuvo lugar en Market Street, Filadelfia, fue creada en 1876.

Quería decirte que...

¿Cómo te permite el punto de vista entender la razón por la que Marcelo decidió comerse el pastel de su mamá?

Coméntalo Vuelve a leer la página 325. Conversa con un compañero o una compañera sobre el punto de vista del poema.

Cita evidencia del texto ¿A partir de qué palabras o frases puedes identificar el punto de vista? Anota las evidencias del texto en el organizador gráfico.

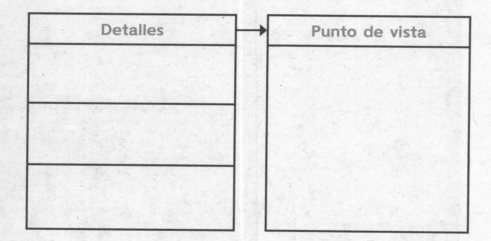

Detalles	→ Punto de vista

Escribe El punto de vista me permite entender las razón de Marcelo al _____

_____

Antología de literatura: páginas 324–326

Consejo de la semana

Cuando **vuelvo a leer**, me fijo en el punto de vista que utiliza la voz poética para identificar sus sentimientos y emociones.

Alfredo

¿Cómo te permite el punto de vista entender que Marcelo asumió la responsabilidad de sus acciones?

COLABORA

Coméntalo Vuelve a leer la página 325. Comenta con un compañero o una compañera el tema del poema.

Cita evidencia del texto ¿Qué claves revelan que Marcelo aceptó haberse comido el pastel? Completa el organizador gráfico.

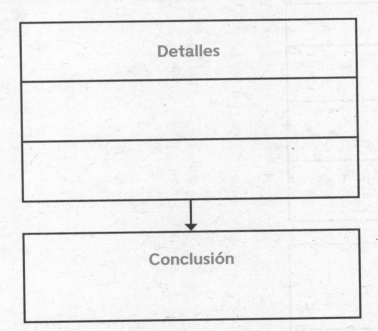

Detalles

↓

Conclusión

Escribe El punto de vista me permite entender que Marcelo asumió la responsabilidad al _____

_____

ACUÉRDATE

Puedo utilizar estos marcos de oración cuando comento lo que quiere expresar la voz poética:

Con el punto de vista en primera persona puedo...

Marcelo asumió que...

Tu turno

¿Cómo el punto de vista que emplea la poeta te ayuda a entender la forma en que Marcelo asume sus responsabilidades? Organiza las evidencias del relato a partir de estos marcos de oración:

Las dos voces se diferencian en...

El chico quiere...

¡Conéctate!
Escribe la respuesta en línea.

COLABORA

¿Cómo te permite la selección de palabras del poeta identificar el tema?

Coméntalo Vuelve a leer las páginas 328 y 329. Conversa con un compañero o una compañera sobre la relación entre la selección de palabras y el tema.

Cita evidencia del texto ¿Qué versos del poema tienen palabras relacionadas con el tema? Escribe tu respuesta en el organizador gráfico.

ACUÉRDATE

Puedo utilizar estos marcos de oración cuando comento el tema del poema:

El poeta emplea palabras que muestran...
Esto me ayuda a...

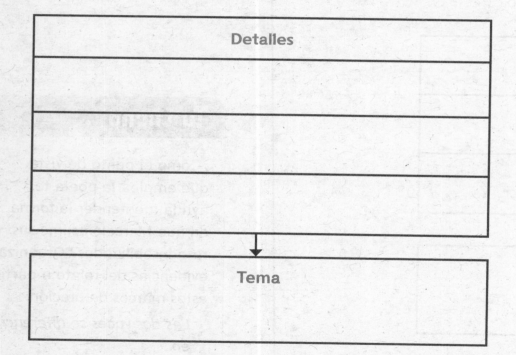

Detalles

↓

Tema

Escribe La selección de palabras me permite identificar el tema al _____

_____

_____

¿De qué manera te sirve el tono del poema para comprender los sentimientos de la voz poética con respecto a su trabajo?

COLABORA

Coméntalo Vuelve a leer el poema. Conversa con un compañero o una compañera sobre el tono del poema.

Cita evidencia del texto ¿A partir de qué versos puedes identificar el tono del poema? Escribe tu respuesta en el organizador gráfico.

ACUÉRDATE

Cuando vuelvo a leer un poema analizo las palabras y frases que crean el tono. De esta manera puedo entender los sentimientos que quiere transmitir el poeta.

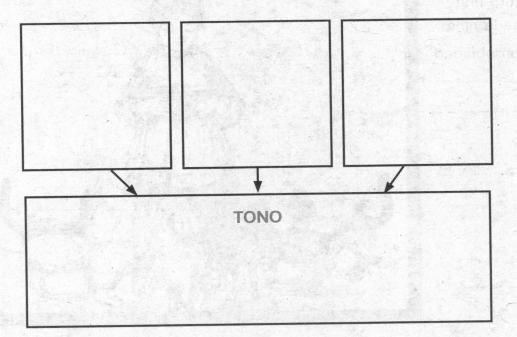

TONO

Escribe El tono del poema me permite comprender los sentimientos de la voz poética al _____

_____

¿De qué manera el ilustrador muestra una forma de responsabilidad similar a la expresada en *Quería decirte que...* y "A mis obligaciones"?

COLABORA

Coméntalo Comenta con un compañero o compañera lo que observas en la ilustración.

Cita evidencia del texto Encierra en un círculo las evidencias que te indican que la niña está asumiendo una responsabilidad. Luego encierra en un recuadro una evidencia que te informe sobre la personalidad de la niña.

Escribe El ilustrador muestra una forma de responsabilidad similar a la de los poemas porque _____

_____

_____

_____

ACUÉRDATE

Observo en la ilustración claves de lo que es la responsabilidad. Esto me permite compararla con los poemas que leí esta semana.

Una joven alimenta a unos gatos hambrientos.

Catherine Lane/iStock/Getty Images Plus/GettyImages

El héroe y el Minotauro

Antología de literatura:
páginas 330-345

¿De qué manera las características de Poseidón te sirven para entender al personaje y su rol en el mito?

COLABORA

Coméntalo Vuelve a leer las páginas 330 y 331 y analiza la ilustración. Comenta con un compañero o una compañera cómo es Poseidón.

Cita evidencia del texto ¿Qué palabras y frases te permiten visualizar cómo es Poseidón? Completa el organizador gráfico con evidencia del texto.

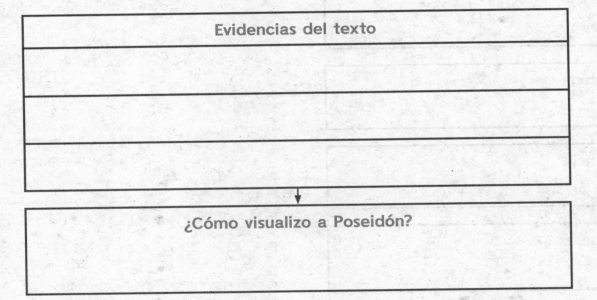

Evidencias del texto

↓

¿Cómo visualizo a Poseidón?

Escribe Las características de Poseidón me permiten entender al personaje y su rol en el mito mediante _____

_____

Consejo de la semana

LECTURA ATENTA

Cuando **vuelvo a leer,** utilizo las palabras y frases del autor para entender los personajes. Busco evidencia del texto para responder las preguntas.

Erin

Darrin Klimek/Photodisc/Getty Images

¿De qué manera la frase "el que hace temblar la tierra" te permite inferir información de Poseidón, la trama y el género del relato?

ACUÉRDATE

Puedo utilizar estos marcos de oración para inferir aspectos importantes del texto.

El autor utiliza palabras y frases para describir...

Esto me permite visualizar...

Coméntalo Vuelve a leer el primer párrafo de la página 332. Comenta con un compañero o una compañera cómo creó Poseidón el territorio griego.

Cita evidencia del texto ¿Cuáles palabras o frases te permiten visualizar el poder de Poseidón y qué te dicen estas de la trama y el género del relato? Escribe tu respuesta en el organizador gráfico.

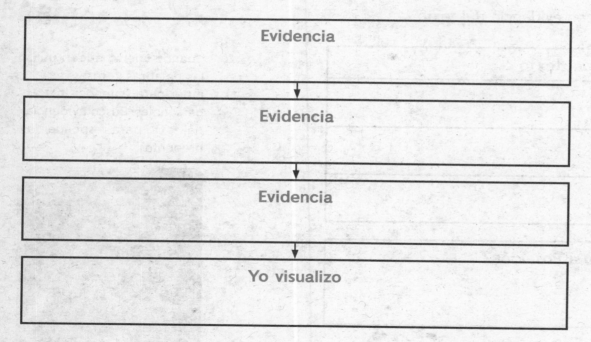

Evidencia

↓

Evidencia

↓

Evidencia

↓

Yo visualizo

Escribe La frase me permite inferir información importante del texto al _____

_____

_____

¿De qué manera emplea el autor la frase "bajo la mirada de Poseidón" para que te sea fácil comprender la conclusión del mito?

 **ACUÉRDATE**

Cuando **vuelvo a leer**, puedo comprender cómo se comporta determinado personaje gracias al lenguaje figurado.

COLABORA

Coméntalo Vuelve a leer la página 345. Comenta con un compañero o una compañera los sentimientos de Teseo al llegar a Atenas.

Cita evidencia del texto ¿Quiénes influyeron en Teseo para ayudarlo a convertirse en un gran rey y por qué los menciona el autor en el relato? Escribe tu respuesta en el organizador gráfico.

Evidencias	Propósito del autor

Escribe El autor emplea esta frase para que entienda la conclusión del mito al _

_____

_____

Tu turno

¿De qué manera la forma en que el autor inicia y termina el relato te ayuda a entender la influencia de Poseidón en la vida de Teseo? Organiza las evidencias del relato a partir de estos marcos de oración:

Él describe…

El autor concluye…

¡Conéctate!
Escribe tu respuesta en línea.

"El extraordinario relato de Teseo y el Minotauro"

Empieza la búsqueda

1 —¡Mira, hijito! ¿Por qué no intentas empujar esta inmensa roca? —preguntó Etra, pues sabía que el rey había escondido las sandalias y la espada en ese lugar.

2 Aunque a Teseo le pareció extraña la petición, además creía que hacía demasiado calor para este tipo de esfuerzo, hizo lo que su madre le pidió. Pero, cuando intentó mover la roca, esta se quedó en su lugar. Etra, impaciente, le pidió que lo intentara de nuevo, pero el chico no logró hacerlo.

Vuelve a leer y haz anotaciones en el texto siguiendo las instrucciones.

Encierra en un círculo las palabras y frases que te sirven para comprender la personalidad de Teseo. Escribe cómo es Teseo.

_____

_____

COLABORA

Comenta con un compañero o una compañera tus anotaciones y la respuesta a la pregunta anterior. Comenta cómo esta caracterización de Teseo hace que el relato sea divertido. Escribe tu respuesta:

_____

_____

_____

3   —¡Por todos los dioses! —exclamó Etra.

4   Diciendo esto se apoyó en la roca, de tal manera que, apenas lo hizo, la enorme piedra salió volando por el camino y Teseo pudo ver la espada y las sandalias.

5   —¡Genial! ¡Chancletas elegantes! —exclamó Teseo. El chico se las calzó, aunque estaban un poco aplastadas después de haber estado 14 años bajo una roca.

6   —Mira, Teseo, también hay una espada —señaló su madre.

7   Teseo le dijo que bien podía quedarse con ella y usarla para cortar lechugas y tomates. Etra insistió en que él la necesitaría más; además le informó que era hora de visitar a su padre, el rey.

Encierra en un círculo las frases que emplea el autor para que el relato suene como si ocurriera en el presente y no hace miles de años.

COLABORA

Subraya la oración que crea suspenso. Comenta con un compañero o una compañera la forma en que el autor hace que quieras seguir leyendo.

¿Hasta qué punto el humor empleado por el autor en esta parodia refleja la personalidad de Teseo?

COLABORA

Coméntalo Vuelve a leer los fragmentos de las páginas 136 y 137. Comenta con un compañero o una compañera de qué manera es graciosa la parodia.

Cita evidencia del texto ¿Qué hace a la parodia divertida? Escribe las evidencias del texto que reflejan las características de Teseo.

Evidencias del texto	¿Qué visualizo?

Escribe El autor emplea el humor en esta parodia para _____

_____

ACUÉRDATE

Cuando **vuelvo a leer**, recurro al empleo del humor por parte del autor para entender a los personajes.

¿De qué manera utilizan el artista y los autores recursos similares para permitirte comprender cómo se sienten los personajes en la ilustración y en los relatos *El héroe y el Minotauro* y "El extraordinario relato de Teseo y el Minotauro"?

 **ACUÉRDATE**

Puedo utilizar ilustraciones para entender cómo se sienten los personajes. Esto me permitirá hacer comparaciones entre imágenes y textos.

COLABORA

Coméntalo Observa la ilustración. Comenta en parejas lo que está sucediendo en la imagen y cómo se siente Ícaro. Analiza cómo lo sabes.

Cita evidencia del texto ¿Qué claves de la ilustración te sirven para comprender cómo se siente Ícaro? Encierra en un círculo cómo evidencia el artista las emociones y las acciones de los personajes. Luego, haz una marca en la ilustración donde se muestre que Ícaro está en peligro.

Escribe La forma en que el artista muestra cómo se sienten los personajes es similar a _____

_____

_____

_____

_____

Dorling Kindersley/Getty Images

En esta ilustración se representa la caída de Ícaro luego de que este ignora el consejo de su padre y vuela muy cerca del sol.

Elías de Buxton

¿De qué manera la forma como el autor emplea las características del texto te permite comprender las emociones de Elías?

Coméntalo Vuelve a leer las páginas 354 y 355. Comenta con un compañero o una compañera lo que le sucede a Elías y cómo se siente.

Cita evidencia del texto ¿De qué manera te ayuda el autor a visualizar cómo se siente Elías? Escribe tu respuesta en el organizador gráfico.

Evidencias	Lo que visualizo

Escribe La forma como el autor emplea las características del texto me

permite comprender las emociones de Elías al _____

_____

_____

Antología de literatura: páginas 352-367

LECTURA ATENTA

Consejo de la semana

Cuando **vuelvo a leer**, me fijo en las palabras y frases del autor para saber cómo se sienten los personajes. Busco evidencias del texto para responder las preguntas.

Manuel

¿Cómo emplea el autor los diálogos para permitirte comprender la relación entre Elías y su madre?

**ACUÉRDATE**

Puedo utilizar estos marcos de oración para hablar de Elías y su madre.

La madre de Elías dijo...

El diálogo me permite comprender que...

COLABORA

Coméntalo Vuelve a leer los cinco primeros párrafos la página 360. Comenta en parejas cómo se siente Elías por lo que le dice su madre.

Cita evidencia del texto ¿Qué te permite comprender el diálogo acerca de lo que piensan los personajes? Completa el organizador gráfico con evidencia del texto.

La madre dice	Elías dice	Lo que entiendo

Escribe El autor me ayuda a comprender la relación entre Elías y su madre _____

_____

_____

¿De qué manera muestra el autor que Elías está madurando?

COLABORA

Coméntalo Vuelve a leer la página 366. Comenta con un compañero o una compañera el punto de vista de Elías con respecto a las mujeres.

Cita evidencia del texto ¿Qué lenguaje descriptivo emplea el autor para evidenciar la foma como Elías ve y experimenta el apoyo de las mujeres? Escribe tu respuesta en el organizador gráfico.

Evidencias

↓

De qué forma lo entiendo

Escribe El autor evidencia que Elías está madurando al _____

_____

_____

 **ACUÉRDATE**

Cuando **vuelvo a leer**, pienso en las palabras y frases del autor para comprender cómo se sienten los personajes.

Tu turno

Escribe sobre la transformación de Elías de niño a adolescente. ¿Cómo muestra el autor la fuerza interior de Elías en su tránsito a la madurez? Organiza las evidencias del relato a partir de estos marcos de oración:

El autor describe...

Emplea el diálogo...

La señora Holton...

¡Conéctate!
Escribe tu respuesta en línea.

"El esclavo rey"

1   En un pueblo del Congo llamado Quibango, vivía el rey Galanga. Desde muy pequeño, el gobernante estudió las artes de la guerra y aprendió a gobernar con justicia. Muy pronto alcanzó fama de guerrero y, a la muerte de su padre, heredó el trono. Galanga gobernaba con sabiduría y mano firme. Era además el sumo sacerdote del dios Zambiapungo.

2   En las tribus de la región, las mujeres se dedicaban a los cultivos, criaban animales y trabajaban la alfarería. Los hombres cazaban y guerreaban. Galanga vivía con su esposa, la reina Djalo, y sus hijos, rodeado de sirvientes y guerreros que los cuidaban.

3   En esa época, lo más temible no eran las sequías o inundaciones, ni la ira de los dioses. El máximo temor eran los cazadores de hombres. Los barcos que transportaban esclavos hacia América arribaban a las costas de África y allí los cazadores, que en su mayoría eran africanos de otras tribus, vendían a sus hermanos como esclavos.

Viviana Díaz

Vuelve a leer y haz anotaciones en el texto siguiendo las instrucciones.

Vuelve a leer el párrafos 1. Subraya las palabras o frases que describen quién era Galanga y lo que había hecho dentro de su comunidad hasta que heredó el trono. Luego, encierra en un círculo cómo gobernaba Galanga.

Vuelve a leer el párrafo 2. Encierra en un recuadro las labores de las mujeres y los hombres de la comunidad.

COLABORA

Vuelve a leer el párrafo 3. Comenta con un compañero o una compañera cuál era el mayor temor de la comunidad de Quibango. Escribe tu respuesta:

_____

_____

_____

1   En cuanto la situación en el barco se estabilizó, los marineros reanudaron su crueldad, golpeando a los esclavos para hacerlos trabajar. Estos pedían piedad o clamaban a los dioses una muerte rápida. De pronto, uno de los marineros se abalanzó sobre un grupo de mujeres y niños y comenzó a golpearlos. Galanga se levantó y, a pesar de que tenía encadenados los pies, interpuso su cuerpo para recibir él los golpes. Otros hombres de su tribu lo imitaron y formaron una muralla humana que recibió los brutales latigazos.

2   En ese momento el rey hizo un juramento en su lengua, alzando la voz para que lo escuchara toda la tribu: "Yo Galanga, sumo sacerdote del dios Zambiapungo y rey de mi pueblo, juro que lo defenderé y liberaré de los hombres blancos aunque me cueste la vida". El grito se escuchó en todo el barco. Los hombres y las mujeres de la tribu lo repetían y un gran alarido se elevó del Madalena. Los blancos temblaron cuando un destello de esperanza surgió de los ojos de aquellos hasta entonces sumisos y abatidos.

Vuelve a leer el párrafo 1. Encierra en un círculo la frase que describe el deseo que tenían los esclavos antes de que su rey reaccionara. Escríbelo con tus palabras.

_____

_____

COLABORA

Vuelve a leer el párrafo 2. Comenta con un compañero o una compañera las palabras que expresan la determinación del rey de cambiar la situación de los esclavos. Subraya las evidencias del texto.

Luego, encierra en un recuadro la evidencia del texto que revela el cambio en el estado de ánimo de los esclavos. Escribe tu respuesta:

_____

_____

Viviana Díaz

¿Cómo te ayuda el autor a entender que este relato es un cuento folclórico?

 **ACUÉRDATE**

Cuando **vuelvo a leer**, me detengo en los detalles del texto para identificar el género.

Coméntalo Vuelve a leer el fragmento de la página 143. Comenta en parejas las diferencias entre los hombres y las mujeres de la tribu.

Cita evidencia del texto ¿Qué frases del texto te indican que el autor está hablando de las costumbres del pueblo? Completa el organizador gráfico.

Evidencia
Evidencia
Evidencia
Yo entiendo

Escribe El autor me ayuda a entender que el relato es un cuento folclórico mediante _____

_____

_____

Viviana Díaz

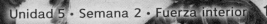

¿De qué manera el tema de la canción "Alzar todas las voces y cantar" hace eco al tema y al lenguaje sensorial de *Elías de Buxton* y "El esclavo rey"?

ACUÉRDATE

El lenguaje sensorial de la canción me ayuda a visualizar el mensaje. Luego, puedo compararlo con el de los relatos de esta semana.

Coméntalo Lee la canción. Comenta en parejas qué nos da a entender el autor al referirse al "pasado oscuro" en la segunda estrofa.

Cita evidencia del texto Subraya las palabras y frases que se refieren al tema de la fuerza interior. Encierra en un circulo la evidencia del texto que te muestra lo que siente el autor.

Escribe Así como en *Elías de Buxton* y "El esclavo rey", la canción _____

_____

_____

Dada a conocer tan solo 35 años después del fin oficial de la esclavitud, esta canción afroamericana celebra la libertad.

Alzar todas las voces y cantar

Alzar todas las voces y cantar, hasta que el cielo y la tierra resuenen,
Resuenen con los acordes de la libertad.
Dejar que nuestra alegría crezca tan alto como los cielos que escuchan,
Dejar que resuene tan fuerte como el ondulante mar.

Cantar una canción llena de la fe que el pasado oscuro nos ha enseñado;

Cantar una canción llena de la esperanza que el presente nos ha traído;
Mirando el sol naciente de nuestro nuevo día que ha comenzado,
Dejar que marchemos hasta que el triunfo sea ganado.

—James Weldon Johnson

Design Pics/Ken Welsh

Antes de Colón
Las Américas en 1491

 ¿De qué manera emplea el autor las fotografías para ayudarte a aprender sobre el maíz?

COLABORA

Coméntalo Observa la imagen de la página 376. Comenta en parejas lo que ilustra y cómo facilita tu comprensión de la lectura.

Cita evidencia del texto ¿Qué detalles de la imagen te brindan más información sobre el maíz? Completa el organizador gráfico con evidencia del texto.

Evidencia	Cómo me sirven

Escribe El autor emplea las fotografías para _____

_____

_____

Antología de literatura: páginas 374-385

LECTURA ATENTA
Consejo
de la semana

Cuando **vuelvo a leer**, puedo utilizar las fotografías para comprender mejor el tema.

Roshan

Adam Kazmierski/Getty Images

¿De qué manera la información suministrada por el autor te permite comprender los beneficios de la *milpa*?

Coméntalo Vuelve a leer la página 382. Comenta con un compañero o una compañera lo que es la *milpa*.

Cita evidencia del texto ¿Qué información suministrada por el autor revela los beneficios de la *milpa* y qué puedes inferir de esta? Escribe tu respuesta en el organizador gráfico.

 **ACUÉRDATE**

Puedo utilizar estos marcos de oración para hablar de la *milpa*.

El autor describe la milpa como...

Su punto de vista es...

Evidencia
Evidencia
Evidencia
Lo que infiero

Escribe La información suministrada me permite comprender los beneficios de la *milpa* al _____

_____

¿Cómo emplea el autor el mapa para ayudarte a comprender el texto?

COLABORA

Coméntalo Vuelve a leer la página 384 y analiza el mapa de la página 385. Comenta en parejas lo que sabes sobre Mesoamérica y cómo el mapa complementa al texto.

Cita evidencia del texto ¿Cómo te permite el mapa clarificar el texto? Completa el organizador gráfico.

Evidencias en el mapa	Cómo aclaran el texto

Escribe El autor emplea el mapa para ayudarme a comprender el texto al _____

_____

_____

Tu turno

¿De qué manera las características del texto y la organización de esta selección te permiten entender cómo se beneficiaron con el maíz los habitantes de Mesoamérica? Organiza las evidencias del texto a partir de estos marcos de oración:

La ilustración...

El autor opina que...

En el mapa...

¡Conéctate!
Escribe tu respuesta en línea.

"Una mirada al pasado para avanzar"

1   Hace más de dos décadas, dos buzos se zambulleron en las turbias profundidades del mar Mediterráneo, cerca de la costa de Italia. Su misión era explorar una embarcación de 50 pies de largo que había naufragado bajo las olas hace casi 2,000 años. Mientras pasaban sus luces submarinas por el enorme casco, observaron algunas ánforas, jarrones utilizados para almacenar aceite de oliva y otros productos. Pero al acercarse, encontraron algo extraordinario: unos recipientes de madera revestidos con estaño que contenían tabletas del tamaño de pequeñas monedas.

2   Los científicos descubrieron que estas tabletas probablemente eran píldoras que los marineros tragaban cuando se sentían mareados. Esto no es nada nuevo para nosotros. Sin embargo, en esa época debieron haber sido toda una novedad, por ser las píldoras más antiguas hasta ahora descubiertas.

Vuelve a leer y haz anotaciones en el texto siguiendo las instrucciones.

Vuelve a leer los párrafos 1 y 2. Encierra en un círculo las oraciones que indican lo que descubrieron los exploradores. Haz una marca al lado de la oración que explica por qué este descubrimiento es importante.

COLABORA

Comenta con un compañero o una compañera el descubrimiento y su importancia. ¿Cómo crees que este descubrimiento podría influir en la ciencia actual? Escribe tu respuesta:

_____

_____

_____

1   Los científicos se siguen remitiendo al pasado para investigar los medicamentos antiguos. Una de esas oportunidades llegó con el descubrimiento del naufragio en el Mediterráneo. Aunque las píldoras fueron encontradas en 1989, recientes descubrimientos sobre el ADN ayudaron a identificar sus compuestos químicos, lo que conducirá también a determinar las enfermedades que se trataban con estas. Lo que se busca es que los conocimientos antiguos sean la base de los avances tecnológicos.

Vuelve a leer el párrafo 1. Subraya las oraciones que indican de qué manera utilizan los científicos actuales los descubrimientos como el de las tabletas del naufragio. Explícalo con tus propias palabras:

_____

_____

_____

COLABORA

Comenta con un compañero o una compañera por qué la comunidad científica se interesa por los medicamentos antiguos. ¿Cómo podemos beneficiarnos de los conocimientos que adquieren sobre estas sustancias? Escribe tu respuesta:

_____

_____

_____

¿Por qué "Una mirada al pasado para avanzar" es un título apropiado para esta lectura?

COLABORA

Coméntalo Vuelve a leer el primer párrafo de la página 150 y el párrafo de la página 151. Comenta en parejas tus observaciones.

Cita evidencia del texto Completa el organizador gráfico con evidencia del texto. Explica el propósito del autor al finalizar la lectura de esta manera.

ACUÉRDATE

Cuando **vuelvo a leer**, tengo en cuenta el propósito del autor y la organización del texto.

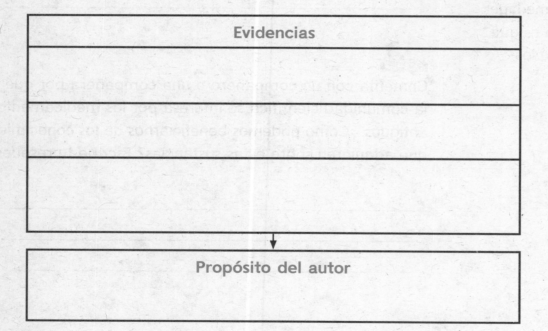

Evidencias

↓

Propósito del autor

Escribe "Una mirada al pasado para avanzar" es un título adecuado _____

_____

_____

¿Cómo se presenta la innovación pre-europea en esta fotografía aérea, en la investigación sobre el origen del maíz en *Antes de Colón* y en el descubrimiento de medicina en un antiguo naufragio romano en "Una mirada al pasado para avanzar"?

COLABORA

Coméntalo Observa la fotografía y lee el pie de foto. Comenta en parejas la localización de las construcciones, su tamaño y la tecnología que los incas debieron utilizar para crear este lugar tan elaborado.

Cita evidencia del texto Encierra en un círculo los lugares en la imagen que sugieren el uso de una ingeniería avanzada. Subraya en el pie de foto pistas sobre cuándo fue construida Machu Picchu. Recuerda las lecturas de esta semana. Dialoga sobre la importancia de la innovación y cómo puede beneficiar a las personas.

Escribe Según la fotografía y las lecturas _____

_____

_____

_____

_____

ACUÉRDATE

Observo en la fotografía los retos que tuvieron que superar. Esto me ayuda a comparar el arte con los textos.

Glow Images

Fotografía aérea de Machu Picchu en la región de Cusco, Perú. Esta gran agrupación de estructuras fue construida durante la civilización inca a mediados del siglo XV, antes de la Conquista española.

Buscador de planetas

¿Por qué la fotografía es fundamental para comprender la descripción que hace la autora del Mauna Kea?

COLABORA

Coméntalo Vuelve a leer la página 393. Comenta con un compañero o una compañera por qué es importante la fotografía.

Cita evidencia del texto ¿Qué evidencias del texto y de la fotografía te permiten comprender cómo es el Mauna Kea? Completa el organizador gráfico.

Evidencias del texto	Claves de la fotografía	¿Qué comprendo?

Escribe La fotografía es esencial para comprender la descripción que hace la autora del Mauna Kea porque _____

_____

_____

Antología de literatura: páginas 392-405

Consejo de la semana

LECTURA ATENTA

Cuando **vuelvo a leer**, pienso en cómo utiliza la autora las palabras y las frases. Busco evidencias del texto para responder las preguntas.

Inez

Daniel Bendjy/E+/Getty Images

¿De qué manera sabes lo que siente Marcy sobre su trabajo?

COLABORA

Coméntalo Vuelve a leer los últimos dos párrafos de la página 398. Comenta con un compañero o una compañera qué dice Marcy sobre su investigación.

Cita evidencia del texto ¿Cómo te ayuda la autora a entender la pasión de Marcy por su trabajo? Escribe tu respuesta en el organizador gráfico.

ACUÉRDATE

Puedo utilizaer estos marcos de oración para hablar sobre el trabajo de Marcy.

La autora utiliza citas para decirnos que Marcy...

Esto me ayuda a saber que él...

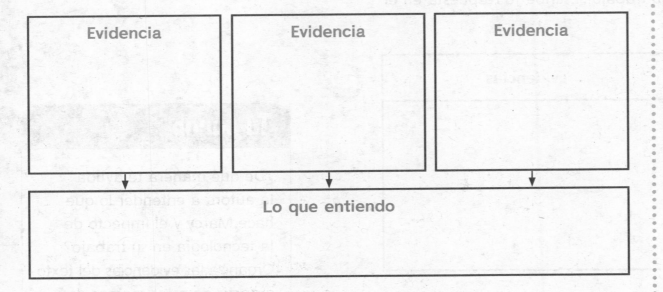

Evidencia

Evidencia

Evidencia

Lo que entiendo

Escribe Sé lo que siente Marcy sobre su trabajo porque el autor _____

_____

_____

¿De qué manera la forma en que la autora organiza el texto te ayuda a entender lo que hace Marcy en su trabajo?

**ACUÉRDATE**

Puedo analizar la manera como la autora organiza el texto para comprender mejor el tema.

Coméntalo Vuelve a leer la página 404. Comenta en parejas lo que adviertes sobre la forma en que está escrito cada uno de los párrafos.

Cita evidencia del texto ¿Cuáles son las dos formas que emplea la autora para mostrar lo que realiza Marcy en su trabajo? Escribe tu respuesta en el organizador gráfico.

Lo que hace la autora	Evidencias

Escribe La forma en que la autora estructuró el texto me ayuda a entender lo

que hace Marcy en su trabajo al _____

_____

_____

Tu turno

¿De qué manera te ayuda la autora a entender lo que hace Marcy y el impacto de la tecnología en su trabajo? Organiza las evidencias del texto a partir de estos marcos de oración:

La fotografía...

La autora...

Ella presenta la información...

¡Conéctate!
Escribe tu respuesta en línea.

"Excursión a Marte"

Noticias desde CRPT

[1] Los estudiantes del curso de Teletransportación Avanzada de octavo grado estaban haciendo unos cálculos cuando, de repente, apareció un holograma en el salón. Todos se quedaron en silencio, pues la última vez que una imagen había aparecido de esta forma, traía noticias sobre un desastre espacial. Lucía se mordía los labios mientras esperaba.

[2] —Tomás y Lucía, ¡felicitaciones! —dijo el holograma—. ¡Ustedes son los ganadores del Concurso de Robótica del Planeta Tierra, versión 2172!

Ralph Voltz

Vuelve a leer y haz anotaciones en el texto siguiendo las instrucciones.

Haz anotaciones al margen que expliquen en qué se parecen Lucía y Tomás a las personas de hoy. Encierra en un círculo los detalles que te indican en qué son diferentes sus vidas.

COLABORA

Comenta con un compañero o una compañera de qué manera sabes cómo se siente Lucía. Subraya la evidencia del texto. Escribe tu respuesta:

_____

_____

3   Los estudiantes aplaudieron y Lucía corrió a abrazar a la mujer que había traído la grandiosa noticia; sus brazos solo atravesaron la ligera imagen en 3D.

4   —No lo puedo creer, ¡ganamos! —exclamó Lucía, mientras el holograma desaparecía.

5   —Era apenas obvio —dijo Tomás con su típico tono de sabiondo—. Óptimus, nuestro robot, puede transitar por cualquier ambiente: terrestre, aéreo o acuático. Además su original codificación le permite encontrar soluciones creativas a los problemas y, no solo eso, sino que es capaz de ejecutarlas.

Vuelve a leer el párrafo 3. Subraya la frase que te permite visualizar qué es un holograma. Escribe tu respuesta:

_____

Vuelve a leer el párrafo 5. Encierra en un círculo las evidencias del texto que describen a Tomás.

COLABORA

Comenta con un compañero o una compañera cómo describe la autora a Óptimus. En el margen, haz una marca para señalar las evidencias del texto que expliquen lo que puede hacer el robot.

¿De qué manera te ayuda a visualizar el autor la tecnología ficcional del relato?

ACUÉRDATE

Cuando **vuelvo a leer**, me fijo en las palabras y frases del autor para ayudarme visualizar la tecnología ficcional del relato.

Coméntalo Vuelve a leer el fragmento de la página 158. Comenta en parejas lo que sabes sobre el holograma y Óptimus. Analiza cómo sabes lo que hacen.

Cita evidencia del texto ¿Qué palabras y oraciones te informan de lo que el holograma y Óptimus pueden hacer? Escribe tu respuesta en el organizador gráfico.

Holograma	Óptimus	Lo que visualizo

Escribe El autor me ayuda a visualizar la tecnología ficcional del relato

mediante _____

_____

_____

Ralph Voltz

¿De qué manera este grabado de una constelación te permite comprender cómo la tecnología puede conducir a descubrimientos como los descritos en *Buscador de planetas* y a ideas como las presentadas en "Excursión a Marte"?

COLABORA

Coméntalo Observa la ilustración. Comenta en parejas lo que observas en el grabado. Relaciona el arte con lo que aprendiste de astronomía en *Buscador de planetas*.

Cita evidencia del texto Encierra en un círculo los elementos de ficción, o que pertenecen a la imaginación, como los sucesos narrados en "Excursión a Marte". Subraya los elementos que están basados en la astronomía.

Escribe De este grabado de una constelación realizado en 1825

puedo comprender que _____

_____

_____

_____

ACUÉRDATE

Puedo observar la parte de ciencia y la de ficción en este grabado. Esto me ayuda a compararlo con las lecturas de esta semana.

Este grabado coloreado a mano por Sidney Hall representa la constelación Boötes, el labrador, y los perros Asterion y Chara.

Fuera de este mundo

¿De qué manera la gráfica te permite entender el desarrollo de la tecnología en el programa espacial?

COLABORA

Coméntalo Vuelve a leer la página 413 y analiza la gráfica. Comenta con un compañero o compañera la tecnología y el programa espacial.

Cita evidencia del texto ¿Qué evidencias en la gráfica muestran el desarrollo del programa espacial? Escribe tu respuesta en el organizador gráfico.

Evidencias	Lo que entiendo

Escribe El autor usa una gráfica para ayudarme a entender el desarrollo de la estación espacial _____

_____

Antología de literatura: páginas 412-415

Consejo **de la semana**

Cuando **vuelvo a leer**, puedo comprender la información a partir de las características del texto. Busco evidencias en el texto para responder las preguntas.

Darrell

¿Cómo sustenta la línea cronológica el mensaje del autor sobre la evolución de la tecnología?

 **ACUÉRDATE**

Cuando **vuelvo a leer**, utilizo la línea cronológica para comprender el orden de los sucesos y cómo esta sustenta el mensaje del autor.

 Coméntalo Analiza la línea cronológica de la página 414. Comenta en parejas cómo esta te permite entender los acontecimientos de la exploración espacial.

Cita evidencia del texto ¿Qué claves de la línea cronológica evidencian cómo ha evolucionado la tecnología? Completa el organizador gráfico con evidencia del texto.

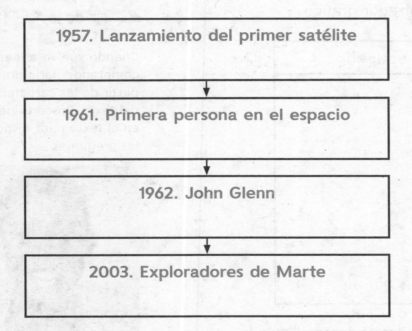

1957. Lanzamiento del primer satélite

↓

1961. Primera persona en el espacio

↓

1962. John Glenn

↓

2003. Exploradores de Marte

Escribe La línea cronológica sustenta el mensaje del autor sobre la evolución de la tecnología al _____

Tu turno

¿De qué manera emplea el autor las características del texto para explicar la evolución de la tecnología en el programa espacial? Organiza las evidencias del texto a partir de estos marcos de oración:

El autor utiliza gráficas y una línea cronológica para...

Muestra cómo ha evolucionado la tecnología al...

Esto me sirve para comprender que...

¡Conéctate!
Escribe tu respuesta en línea.

162 Unidad 5 • Semana 5 • Exploración

"Transbordadores espaciales en marcha"

1   Cuando el programa del transbordador espacial de la NASA terminó en el 2011, había que tomar una decisión. ¿Qué se debía hacer con algunas de las naves espaciales que habían despegado desde Cabo Cañaveral, Florida, desde 1981? En un periódico se empezó a monitorizar lo que ocurriría con el transbordador espacial Discovery. El periódico publicó los resultados como si la NASA estuviera vendiendo un vehículo usado: "27 años, 150 millones de millas recorridas, un poco averiado, pero en buen estado. Precio: $0. Costo del plan de distribución y destino: 28.8 millones".

2   Averiado o no, líderes cívicos, trabajadores de museos y aficionados al espacio de 29 ciudades de todo el país esperaban con ansia la decisión de la NASA sobre el destino del Discovery. Asimismo, los transbordadores espaciales Endeavour, Atlantis y Enterprise estaban terminando su carrera en el espacio, así que sus destinos también tenían que definirse.

Intrepid Sea, Air & Space Museum/AP Images

Vuelve a leer y haz anotaciones en el texto siguiendo las instrucciones.

En el párrafo 1, encierra en un círculo la oración en la que se especifica lo que debían definir los funcionarios de la NASA. Escribe tu respuesta:

_____

_____

COLABORA

Vuelve a leer el párrafo 2. Habla con un compañero o una compañera sobre quiénes querían retirar los transbordadores espaciales. Subraya las evidencias del texto.

Observa la ilustración y lee el pie de foto. Encierra en un círculo las claves que muestran que los representantes de la comunidad están ansiosos por recibir los transbordadores espaciales retirados.

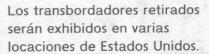

Los transbordadores retirados serán exhibidos en varias locaciones de Estados Unidos.

¿Cómo las ilustraciones y el pie de foto te permiten comprender lo que sucede con los transbordadores espaciales retirados?

COLABORA

Coméntalo Observa la ilustración de la página 163. Comenta en parejas lo que podrían hacer las comunidades con un transbordador espacial.

Cita evidencia del texto ¿Qué claves de la ilustración y qué pie de foto te permiten ver lo que sucede cuando los transbordadores espaciales son retirados? Escribe tu respuesta en el organizador gráfico.

Claves	Propósito del autor

Escribe La ilustración y el pie de foto me permiten comprender lo que sucede con los transbordadores en desuso al _____

_____

_____

Cuando **vuelvo a leer**, puedo utilizar las ilustraciones y los pies de foto para comprender el tema.

Intrepid Sea, Air & Space Museum/AP Images

¿De qué manera el tono del poema de Emily Dickinson "El tren del ferrocarril" se compara con el tono de _Fuera de este mundo_ y "Transbordadores espaciales en marcha"?

ACUÉRDATE

Cuando leo un poema, las personificaciones me permiten comprender el tono de este y lo puedo relacionar con las lecturas.

Coméntalo Lee el poema "El tren del ferrocarril". Comenta con un compañero o una compañera el tono de la voz poética o su actitud con respecto al tren. Recuerda que cuando el poema fue escrito, los trenes eran una forma relativamente nueva de tecnología.

Cita evidencia del texto Encierra en un círculo cinco ejemplos en los que la voz poética se refiere al tren como si fuera algo diferente y encierra en un recuadro las comparaciones que realiza.

Escribe El tono del poema se compara con el de las lecturas de esta semana al _____

_____

_____

_____

_____

El tren del ferrocarril

Me gusta verlo sorber las millas,
Y lamer los valles,
Y parar a alimentarse en los tanques;
Y luego, enorme, se mete

Alrededor de una pila de montañas,
Y, arrogante, observa
Las cabañas al lado del camino;
Y luego corta la cantera

Para poder entrar, y trepar adentro,
Quejándose permanentemente
Con su estrofa horriblemente rítmica;
Luego perseguirse a sí mismo cuesta abajo

Y relinchar como Boanerges;
Luego, tan puntual como una estrella,
Se detiene —dócil y omnipotente—
En su puerta del establo.

— Emily Dickinson

La historia de la sal

¿De qué manera utiliza el autor las notas al margen para ayudarte a entender el texto principal?

COLABORA

Coméntalo Vuelve a leer la nota al margen de la página 420. Comenta con un compañero o una compañera qué aprendiste de la sal.

Cita evidencia del texto ¿Qué detalles de la nota al margen te permiten comprender más sobre la sal? Completa el organizador gráfico.

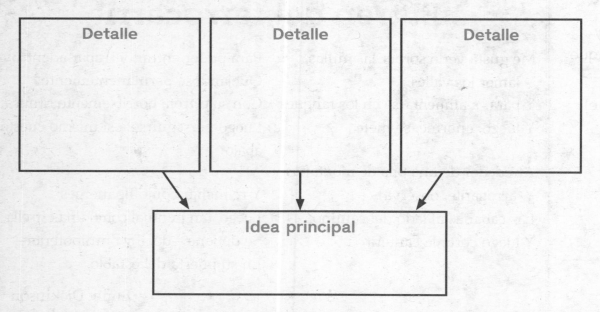

Detalle	Detalle	Detalle

Idea principal

Escribe El autor utiliza notas al margen para ayudarme a entender el texto principal al _____

_____

Antología de literatura: páginas 418–433

LECTURA ATENTA

Consejo de la semana

Cuando **vuelvo a leer,** utilizo las notas al margen para comprender ideas complejas. Busco evidencias del texto para responder las preguntas.

Mateo

Jack Hollingsworth/Photodisc/Getty Images

¿Cómo te permiten las características del texto corroborar su género?

Coméntalo Vuelve a leer las páginas 422 y 423. Comenta con un compañero o una compañera los procesos para extraer la sal del océano y del suelo.

Cita evidencia del texto ¿Qué características del texto te permiten identificarlo? Completa el organizador gráfico con evidencia del texto.

Puedo utilizar estos marcos de oración cuando comento las características del texto:

El autor describe...

La ilustración y el pie de foto me permiten...

La organización del texto...

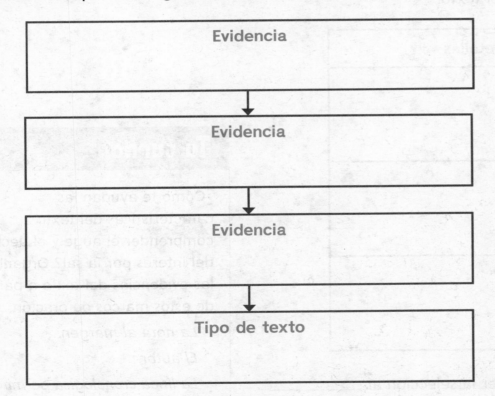

Evidencia

Evidencia

Evidencia

Tipo de texto

Escribe Las características del texto me permiten corroborar su género al _____

_____

¿Cómo te permite la línea cronológica comprender la selección?

Coméntalo Vuelve a leer la línea cronológica de las páginas 432 y 433. Habla con un compañero o una compañera sobre los detalles que son especialmente importantes y que se relacionan con la idea principal de la selección.

Cita evidencia del texto ¿Qué idea principal sustentan estos detalles? Completa el organizador gráfico con evidencia del texto.

Idea principal	Detalles

Escribe La línea cronológica me permite a entender la selección al _____
_____

ACUÉRDATE

Cuando vuelvo a leer, noto que ciertas características del texto (como las líneas cronológicas y los diagramas) pueden contener una idea principal o me permiten comprender mejor la selección.

Tu turno

¿Cómo te ayudan las características del texto a comprender el auge y el declive del interés por la sal? Organiza las evidencias del texto a partir de estos marcos de oración:

La nota al margen...

El autor...

La línea cronológica permite...

¡Conéctate!
Escribe tu respuesta en línea.

"Un toque no tan dorado"

1   Hace mucho tiempo, un rey llamado Midas gobernaba un reino grande y pacífico. Su pasatiempo favorito era admirar los frescos de las paredes y el fino mobiliario del castillo, pero, por encima de todo, adoraba la gran copa y las estatuas de oro que sus sirvientes pulían todos los días. Midas sabía que era muy afortunado al vivir rodeado de tanta belleza, pero, sobre todo, que todos los objetos de oro que poseía lo convertían en un hombre muy rico. El oro era un producto muy raro y valioso.

2   A pesar de su riqueza, Midas no era el hombre más prudente y acostumbraba a hablar antes de pensar. Un día iba en su carruaje cuando vio a un anciano profundamente dormido bajo un árbol en los terrenos del palacio. Y cuando se disponía a pedir que sacaran al intruso de su propiedad, uno de sus sirvientes le dijo:

3   Podemos dejarlo dormir aquí, su majestad. Después de todo, es un anciano.

4   El rey Midas lo pensó y expresó su acuerdo diciendo:

5   Está bien, déjenlo dormir.

Peter Malone

Vuelve a leer y haz anotaciones en el texto siguiendo las instrucciones.

Encierra en un círculo las palabras que revelan la condición del rey Midas. Luego, en el margen, haz una marca junto al ejemplo de que el rey Midas habla mientras piensa.

COLABORA

Comenta con un compañero o una compañera la importancia del oro como recurso. Subraya la evidencia del texto que sustente tu respuesta. A continuación, comenta las razones por las que Midas adoraba el oro. Escríbelas aquí:

_____

1. Faltaba algo, los alimentos no sabían tan bien como él recordaba; llamó al cocinero de inmediato.

2. En medio del arrebato de Midas, el cocinero intentaba explicarle con paciencia que, de hecho, sí faltaba algo. ¡La sal! La sal era ahora tan valiosa para cualquiera, incluso para un rey, que ya no se podía utilizar como condimento.

3. El rey suspiró y picó su insípida comida. Empezaba a darse cuenta de los sucesos que él había desatado con sus acciones y cómo, a causa de su avaricia, su comida jamás sería igual de sabrosa que antes.

Vuelve a leer los párrafos 1, 2 y 3. Encierra en un círculo el condimento que faltaba en la comida del rey Midas. Luego, subraya la razón por la cual el cocinero ya no podía utilizar este condimento. Escríbela con tus propias palabras:

_____

_____

COLABORA

Comenta con un compañero o una compañera el cambio de actitud del rey Midas. Encierra en un recuadro la evidencia del texto con las que sustentas tu respuesta.

¿? **¿Cómo cambió la actitud del rey con respecto al comienzo del relato?**

COLABORA

Coméntalo Vuelve a leer los fragmentos de las páginas 169 y 170. Comenta con un compañero o una compañera el defecto del rey Midas.

Cita evidencia del texto ¿Cómo te permite el relato comprender que el rey Midas cambió de actitud? Escribe tu respuesta en el organizador gráfico.

Comienzo	Final

Escribe El rey cambia su actitud con respecto al comienzo del relato al _____

_____

ACUÉRDATE

Cuando vuelvo a leer, puedo fijarme en las palabras y las frases de la selección para entender el mensaje del autor.

¿De qué manera el ilustrador utiliza detalles, de forma similar a como los autores utilizan las características del texto, para que comprendas la importancia de los recursos naturales?

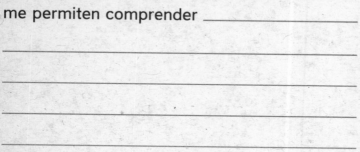

Coméntalo Observa la ilustración y lee el pie de foto. Comenta con un compañero o una compañera cómo sabes que lo que las personas están haciendo es importante.

Cita evidencia del texto Encierra en un círculo las claves en la ilustración que te indican lo que están transportando. Luego, subraya cómo sabes que esto representa una parte importante en la vida de estas personas. Piensa en la importancia de la sal.

Escribe Los detalles en la ilustración y las características del texto en las selecciones me permiten comprender _____

_____

_____

_____

_____

_____

ACUÉRDATE

En la ilustración puedo observar qué era importante para las personas en el pasado. Esto me permite compararla con las selecciones que leí esta semana.

Peter Dennis/Getty Images

Esta ilustración del siglo XIII de una caravana de camellos muestra a los mercaderes de Marco Polo transportando mercancía.

El gran incendio

¿De qué modo emplea el autor la estructura de causa y efecto para permitirte comprender por qué fue tan difícil extinguir el incendio?

Antología de literatura: páginas 440–455

COLABORA

Coméntalo Vuelve a leer los tres primeros párrafos de la página 446. Comenta con un compañero o una compañera por qué siguió creciendo el incendio.

Cita evidencia del texto ¿Qué detalles te hacen ver lo que pasó y por qué el incendio fue tan difícil de extinguir? Completa el organizador gráfico.

Consejo de la semana

LECTURA ATENTA

Cuando **vuelvo a leer,** busco palabras clave como *porque, ya que* o *por lo tanto* para entender las relaciones de causa y efecto.

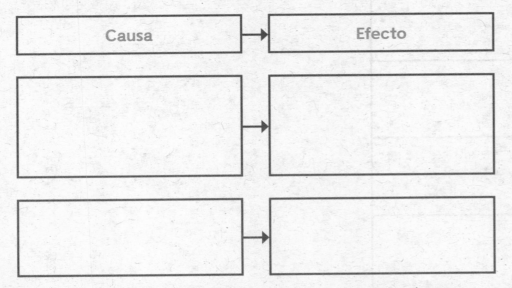

Causa	→	Efecto

Gabrielle

Escribe El autor emplea la estructura de causa y efecto para permitirme

_____

_____

Radius Images/Alamy

¿De qué forma muestra el autor que la inmensa mayoría de los ciudadanos no podían creer la devastación causada por el incendio?

COLABORA

Coméntalo Vuelve a leer el primer párrafo de la página 449. Comenta en parejas cómo Alfred Sewell describe las emociones de los testigos presenciales.

Cita evidencia del texto ¿Qué palabras permiten visualizar la devastación causada por el incendio y los sentimientos de los espectadores? Completa el organizador gráfico con evidencia del texto.

Evidencia
Evidencia
Evidencia
¿Qué visualizo?

Escribe El autor muestra que las personas no podían creer en la devastación al

_____

ACUÉRDATE

Puedo utilizar los siguientes marcos de oración cuando comento cómo un autor emplea fuentes primarias:

La cita revela...

Las declaraciones me permiten visualizar...

Estos detalles sustentan la idea principal porque...

¿Con qué propósito comenta el autor que Julia Lemos abandonó su hogar?

Coméntalo Vuelve a leer la página 454. Comenta en parejas los motivos de Julia Lemos para abandonar su casa.

Cita evidencia del texto ¿Qué efectos tuvo la determinación de Julia Lemos de mantener a salvo a su familia? Completa el organizador gráfico.

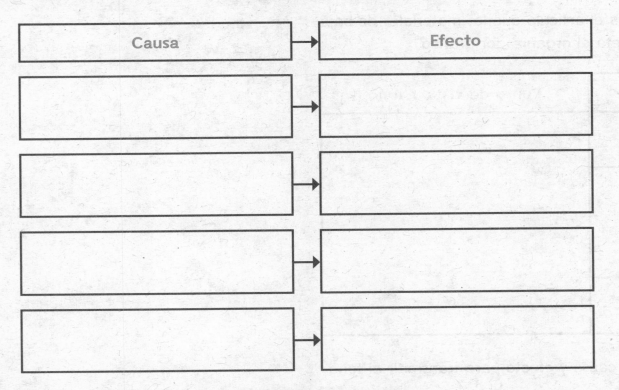

Causa	Efecto

Escribe El autor comenta estos detalles para mostrar _____

_____

ACUÉRDATE

Cuando vuelvo a leer, noto cómo el autor emplea las relaciones de causa y efecto en el relato.

Tu turno

¿De qué manera la estructura de causa y efecto empleada por el autor te sirve para comprender el relato del gran incendio de Chicago? Organiza las evidencias del texto a partir de estos marcos de oración:

La estructura de causa y efecto...

El autor muestra...

Además...

¡Conéctate!
Escribe tu respuesta en línea.

"Secuela de un incendio"

 ¿De qué manera emplea el autor las relaciones de causa y efecto para transmitir el tono del artículo?

COLABORA

Coméntalo Vuelve a leer el artículo de la página 459. Comenta en parejas qué piensa Olmstead sobre el incendio de Chicago.

Cita evidencia del texto ¿Cómo evidencia el artículo que los materiales de baja calidad contribuyeron al incendio? Completa el organizador gráfico.

Evidencia del texto	Punto de vista y tono

Escribe El autor emplea las relaciones de causa y efecto para transmitir el tono

al _____

_____

 **ACUÉRDATE**

Cuando vuelvo a leer, presto atención a las técnicas utilizadas por el autor para transmitir el tono.

¿De qué forma la introducción y el pie de foto le dan más credibilidad al artículo de Frederick Law Olmstead?

COLABORA

Coméntalo Vuelve a leer la introducción y el pie de foto de la página 459. Comenta en parejas cómo el pie de foto refuerza lo expresado por Olmstead.

Cita evidencia del texto ¿Qué evidencias del texto muestran que el punto de vista de Olmstead puede ser creíble? Completa el organizador gráfico.

(bkgd) Christopher King/Alamy; (inset) Stock Montage/Archive Photos/Getty Images

Evidencias	¿Por qué es creíble?

Escribe La introducción y el pie de foto sustentan el artículo de Olmstead al

_____

_____

 ACUÉRDATE

Cuando vuelvo a leer una fuente primaria, pienso en el autor y por qué puedo creer en él.

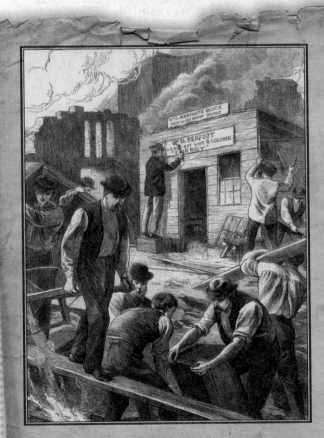

Se inicia la reconstrucción de Chicago. El trabajo fue tan grande que veinte años después del incendio aún quedaban construcciones carbonizadas en algunos sitios de la ciudad.

¿Qué insinúa Olmstead sobre la devastación del incendio de Chicago?

 **ACUÉRDATE**

Cuando vuelvo a leer, presto atención a cómo se siente el autor con respecto a un tema y cómo transmite sus sensaciones.

COLABORA

Coméntalo Comenta con un compañero o una compañera el tono del artículo de Olmstead y su opinión sobre el incendio.

Cita evidencia del texto ¿Qué evidencias te permiten entender lo que Olmstead siente con respecto al incendio de Chicago? Escribe tu respuesta en el organizador gráfico.

Evidencia	Perspectiva del autor

Escribe Olmsted insinúa que _____

_____

_____

¿De qué manera Dorothea Lange captura en su fotografía un sentimiento similar al de los testimonios narrados en *El gran incendio* y "Secuela de un incendio"?

COLABORA

Coméntalo Observa la fotografía y lee el pie de foto. Comenta con un compañero o una compañera cómo viven la mujer y su familia y cómo te hace sentir la fotografía.

Cita evidencia del texto Encierra en un círculo los detalles de la fotografía que te muestran lo difícil que es la vida para esta familia. Luego, subraya en el pie de foto la evidencia que te brinda más información sobre su situación. Compara lo que aprendiste de esta fotografía histórica con lo que comprendiste sobre *El gran incendio* al leer los testimonios de algunos testigos presenciales.

Escribe La forma en que la fotógrafa y los autores utilizan fotografías y testimonios _____

_____

_____

_____

USDA Photograph Archives

ACUÉRDATE

Esta fotografía describe detalladamente cómo era la vida para una familia durante la Gran Depresión. Esto me permite comparar esta evidencia histórica con las selecciones que leí esta semana.

Esta fotografía fue tomada por Dorothea Lange en noviembre de 1940 durante la Gran Depresión. La familia se mudó desde Amarillo, Texas, y trabajó por todo Nuevo México y Arizona recogiendo algodón. Vivían en un trailer a campo abierto, sin agua.

Al rescate de un depredador formidable

Antología de literatura: páginas 460–473

 ¿Por qué se incluye un breve resumen de la vida y el trabajo del Dr. Ramón Bonfil?

Coméntalo Vuelve a leer la página 462. Comenta en parejas por qué los tiburones blancos necesitan defensores.

Cita evidencia del texto ¿Por qué se relatan los hecho de cómo el Dr. Bonfil se dedicó a la protección de tiburones? Completa el organizador gráfico.

Detalles del texto	Propósito de la autora

Escribe La autora incluye este resumen porque _____

_____

_____

Consejo de la semana

Cuando **vuelvo a leer**, presto atención a las descripciones de la vida de los personajes para tener una idea clara de sus motivaciones.

Sarah

Ingram Publishing/SuperStock

¿De qué manera amplía la autora la información con el texto de los recuadros?

 ACUÉRDATE

Cuando vuelvo a leer los recuadros, comprendo que estos amplían la información que me brinda el texto principal de la selección.

COLABORA

Coméntalo Vuelve a leer la página 471. Comenta en parejas cómo crees que deben vivir los tiburones en la Isla Guadalupe.

Cita evidencia del texto ¿Qué información del recuadro te explica cómo es la isla? Escribe tu respuesta en el organizador gráfico.

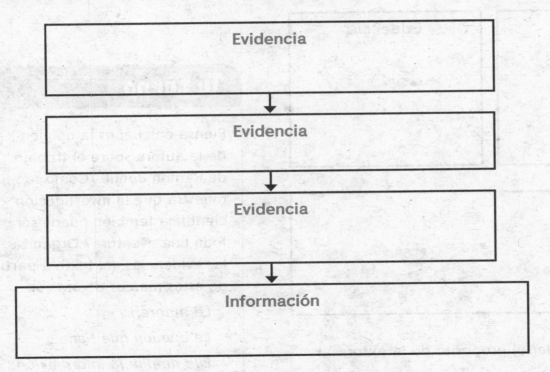

Evidencia

↓

Evidencia

↓

Evidencia

↓

Información

Escribe La autora amplía la información con el texto del recuadro al _____

_____

_____

¿Cómo te permiten las citas textuales entender el propósito de la autora?

COLABORA

Coméntalo Vuelve a leer las páginas 472 y 473. Comenta con un compañero o una compañera la importancia de la investigación sobre el tiburón blanco.

Cita evidencia del texto ¿Que información evidencia la importancia del tiburón blanco? Escribe tu respuesta en el organizador gráfico.

 **ACUÉRDATE**

Cuando vuelvo a leer, puedo utilizar las citas textuales para comprender el propósito de la autora.

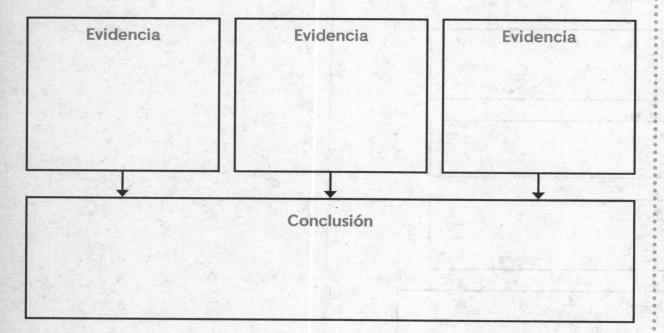

Evidencia	Evidencia	Evidencia

Conclusión

Escribe La citas textuales me permiten entender el propósito de la autora al

_____

_____

_____

Tu turno

Piensa en cuál es la opinión de la autora sobre el trabajo de Ramón Bonfil. ¿Cómo te muestra que la investigación científica también puede ser toda una aventura? Organiza las evidencias del texto a partir de estos marcos de oración:

La autora…

La opinión que tiene….

Ella amplía la información mediante…

¡Conéctate!
Escribe tu respuesta en línea.

"Sácale provecho al método científico"

1   Generalmente, los bateadores diestros pegan mejor contra los lanzadores zurdos y viceversa. De modo que si un lanzador diestro juega en el equipo contrario, el entrenador de Marta la envía a veces al campo a batear con la izquierda.

2   Pero Marta escribe con la mano derecha, de modo que puede considerarse que esta es su "mano dominante." También ha notado que hace más jonrones cuando batea con la mano derecha. Con base en más observaciones y varias pruebas experimentales, desarrolló la siguiente hipótesis: "Aunque anoto *hits* cuando bateo con la mano derecha o izquierda, si lo hiciera con mi mano dominante todo el tiempo, anotaría más."

EL **MÉTODO CIENTÍFICO**

Haz observaciones

↓

Formula una pregunta

↓

Formula una hipótesis

↓

Prueba tu hipótesis

↓

Los resultados respaldan la hipótesis | Los resultados no respaldan la hipótesis

↓

Saca conclusiones y formula preguntas

Vuelve a leer y haz anotaciones en el texto siguiendo las instrucciones.

Subraya las observaciones que Marta hace antes de formular una hipótesis.

COLABORA

Vuelve a leer el párrafo 2. Comenta con un compañero o una compañera sobre cómo Marta desarrolló su hipótesis. Escribe tu respuesta:

_____

_____

A continuación encierra en un círculo la hipótesis que desarrolló Marta.

Vuelve a leer la nota al margen. Numera los pasos del método científico. Encierra la decisión que debe tomarse para probar una hipótesis. ¿De qué forma la nota al margen te permite a entender el método científico? Escribe tu respuesta:

_____

_____

1   En un experimento científico, el *control* es un factor que no cambia, mientras que una *variable* es algo que puede cambiar según la situación. Cuando hayas terminado de anotar tus puntajes en la columna "Control", debes tomar los tiempos de reacción del sujeto con su mano no dominante. Esta es la variable. Ahora cambien: el sujeto será el examinador y el examinador será el sujeto. Compara los tiempos de reacción en los dos grupos de control con los de la variable.

Vuelve a leer el párrafo 1. ¿Cómo explica el autor las ideas de *control* y *variable*? Subraya las frases que expliquen cada uno de estos términos.

COLABORA

Comenta con un compañero o una compañera cómo utiliza el autor ejemplos para explicar mejor las ideas de *control* y *variable*. Encierra en un círculo el ejemplo del autor que te ayuda a entender el término *variable*.

¿Cómo emplea el autor palabras de transición?

Coméntalo Vuelve a leer el fragmento de la página 183. Comenta en parejas cómo hace el autor la transición de las ideas.

Cita evidencia del texto ¿Qué ideas principales se encuentran en la selección? Escribe tu respuesta en el organizador gráfico.

ACUÉRDATE

Cuando vuelvo a leer, puedo buscar las palabras y las frases con las que se organiza la información de la selección.

Evidencias textuales	Propósito del autor

Escribe El autor emplea palabras de transición al _____

_____

¿En qué se parecen los puntos de vista de la voz poética y de los personajes principales de *Al rescate de un depredador formidable* y "Sácale provecho al método científico" con respecto al método científico?

COLABORA

Coméntalo Lee el poema. Comenta con un compañero o una compañera lo que está describiendo la voz poética y cómo se siente con respecto a las cifras, columnas y tablas.

Cita evidencia del texto Encierra en un círculo las palabras que muestran cómo se siente la voz poética en el aula. Subraya las claves que te indican cómo se siente cuando está al aire libre. Piensa en cómo se siente el Doctor Ramón Bonfil acerca de su trabajo.

Escribe La voz poética, al igual que el Dr. Bonfil y Marta, cree que _____

_____

_____

_____

_____

ACUÉRDATE

Las palabras de la voz poética evidencian su punto de vista. Esto me permite comparar el poema con las selecciones que leí esta semana.

Cuando escuché al ilustre astrónomo

Cuando escuché al ilustre astrónomo,

Cuando las pruebas, las cifras, eran ordenadas en columnas frente a mí,

Cuando me mostraba las tablas y los gráficos, para sumarlas, dividirlas y medirlas,

Cuando yo sentado escuchaba al astrónomo hablar

Entre tanto aplauso en aquella aula,

De repente, inexplicablemente me sentí enfermo y cansado,

Hasta que levantándome y deslizándome me encontré solo,

En la humedad mística del viento nocturno, y de vez en cuando,

En un perfecto silencio miraba arriba las estrellas.

— Walt Whitman

Caral

A partir de la selección de palabras realizada por la autora, ¿cuál es su punto de vista acerca de Caral y de sus habitantes?

Antología de la literatura: páginas 480–495

Coméntalo Vuelve a leer las páginas 484 y 485. Comenta con un compañero o una compañera qué palabras utiliza la autora para describir Caral y sus habitantes.

Cita evidencia del texto ¿De qué manera describe la autora a la antigua Ciudad Sagrada de Caral y sus habitantes? Completa el organizador gráfico con evidencia del texto.

LECTURA ATENTA **Consejo de la semana**

Cuando **vuelvo a leer**, me fijo en la selección de palabras de la autora. De esta manera puedo identificar su punto de vista.

Amanda

Detalles del texto	Conclusión

Escribe A partir de la selección de palabras de la autora, su punto de vista sobre Caral y sus habitantes es que _____

_____

Jupiterimages/Stockbyte/Getty Images

¿De qué manera evidencian los detalles incluidos por la autora la importancia de la ciudad de Caral?

COLABORA

Coméntalo Observa el mapa de la página 488 y la imagen de la página 489. Comenta con un compañero o una compañera qué información te proporcionan y cómo te ayudan a entender la selección.

Cita evidencia del texto ¿Qué características del texto te permiten evidenciar la importancia de Caral? Completa el oganizador gráfico con evidencia del texto.

ACUÉRDATE

Puedo usar estos marcos de oración cuando comento las características del texto.

Las características del texto son...

Puedo ver la iimportancia de Caral en...

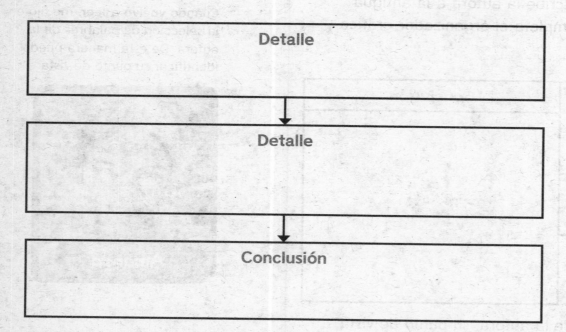

Detalle

Detalle

Conclusión

Escribe La organización de la información de la autora me permite entender

_____

_____

A partir de las palabras y frases utilizadas al final de la selección, ¿cómo te permite la autora reconocer el legado de la ciudad de Caral?

Coméntalo Vuelve a leer la página 495. Comenta con un compañero o una compañera la conclusión de la autora con respecto a la ciudad de Caral.

Cita evidencia del texto ¿Qué oraciones utiliza la autora al final de la selección relacionadas con el legado de Caral y sus pobladores? Anota en el organizador gráfico las evidencias del texto y lo que puedes inferir de ellas.

Evidencia	Conclusión

Escribe La autora me permite reconocer la importancia de la ciudad de Caral

al _____

_____

 **ACUÉRDATE**

Mientras vuelvo a leer me detengo en la información que la autora presenta y cómo la presenta. Así puedo entender la importancia de Caral.

Tu turno

¿Por qué la autora relata la historia de la ciudad de Caral, de sus habitantes y de la importancia que representa para nosotros en la actualidad? Organiza las evidencias del texto a partir de estos marcos de oración:

La función de la información que la autora incluyó...

Las evidencias...

La autora...

¡Conéctate!
Escribe tu respuesta en línea.

"El caso de las vasijas rotas"

1   En las excavaciones se encontraron asimismo muchos metales. Al examinarlos, mamá llegó a la conclusión de que los mochicas eran unos genios.

2   —¿Cómo unos *genios*? —pregunté con curiosidad—. ¿Te refieres a *magos*?

3   —No, a personas muy inteligentes —declaró mamá.

    —¿Cómo puedes saber que eran inteligentes si vivieron hace miles de años, no tenían escritura, ni diarios, ni internet? ¿Cómo sabes que eran listos? —pregunté desconcertado.

4   —Pues mira —prosiguió mamá—, los mochicas usaron el cobre para hacer adornos, armas y herramientas. Pero lo más importante es que usaron una técnica especial que en Europa no se inventó hasta el siglo XVIII, para dorar ese metal. También utilizaron la soldadura para hacer joyas de oro y plata.

5   —¿Y cómo soldaban? —continué intrigado.

6   —Para soldar metales se necesita una temperatura muy alta. Normalmente se consigue con hornos muy sofisticados. Estudiando las joyas de los mochicas, descubrimos que de alguna forma consiguieron soldar metales, ¡sin poseer hornos sofisticados! Esa es una hazaña digna de un genio —advirtió mamá.

Vuelve a leer y haz anotaciones en el texto siguiendo las instrucciones.

Vuelve a leer los párrafos 4 a 6. Subraya las palabras que indican la hazaña digna de un genio que realizaron los mochicas. A continuación encierra en un círculo la evidencia del texto en la que se señala qué hacían los mochicas con el cobre. Finalmente encierra en un cuadrado para qué utilizaron los mochicas la soldadura de metales. Anota las respuestas aquí:

1. _____

2. _____

3. _____
    _____

COLABORA

Comenta con un compañero o una compañera por qué la mamá hace referencia a Europa al hablar de los mochicas.

1 De pronto, las piezas del rompecabezas encajaron. Todo lo que había leído sobre el asunto cobraba sentido. ¡Había descubierto al huaquero fantasma y corrí a contárselo a mis padres!

—El huaquero fantasma no era un huaquero humano —propuse orgullosamente.

—¿Era en realidad un fantasma?—preguntó papá sorprendido.

—Los fantasmas no existen—protestó mamá.

—¡El huaquero fantasma era un cóndor! Solo un pájaro grande como el cóndor andino puede romper vasijas, robar huesos y caminar sin dejar huellas.

—Estamos muy orgullosos de ti —exclamó mamá—, ¡has analizado el caso científicamente y has resuelto el misterio de las vasijas rotas!

Vuelve a leer el párrafo 1. Encierra en un círculo el momento en que el narrador se da cuenta de que ha resuelto el misterio del huaquero fantasma.

Subraya la evidencia que presenta el narrador para concluir que el huaquero no era un fantasma.

A continuación encierra en un cuadrado la respuesta de la mamá ante la conclusión del narrador. Anota las respuestas aquí:

1. _____

2. _____
   _____

COLABORA

Comenta con un compañero o una compañera cómo a partir de lo dicho por cada uno de los personajes puedes comprender su punto de vista.

¿Cuál es el propósito de la autora al incluir diálogos en el relato?

Coméntalo Vuelve a leer los fragmentos de las páginas 190 y 191. Comenta en parejas cómo se resuelve el misterio.

Cita evidencia del texto ¿Qué conoces de la personalidad de cada uno de los personajes a partir de los diálogos? Completa el organizador gráfico.

Diálogo	Qué me muestra

Escribe El propósito de la autora al incluir diálogos en el relato es _____

_____

_____

 **ACUÉRDATE**

Cuando vuelvo a leer, presto atención a la forma como está escrito el relato e identifico desde qué punto de vista está escrito. Si está escrito en primera persona debo analizar si se trata de una experiencia del narrador o del autor.

¿De qué manera el registro fotográfico de la momia y las selecciones *Caral* y "El caso de las vasijas rotas" me permiten comprender la importancia de los descubrimientos arqueológicos para conocer más sobre las civilizaciones antiguas?

ACUÉRDATE

Observo detalles en la ilustración que me facilitan comprender cómo vivía una persona. Esto me permite comparar la fotografía con la lectura.

COLABORA

Coméntalo Observa la fotografía y lee el pie de foto. Comenta con un compañero o una compañera sobre el valor de los descubrimientos arqueológicos.

Cita evidencia del texto Encierra en un círculo los detalles en la fotografía que pueden evidenciar la importancia del joven momificado.

Escribe El registro fotográfico de la momia y las selecciones *Caral* y "El caso de las vasijas rotas" se asemejan porque _____

_____

_____

webking/iStock/Getty Images Plus/Getty Images

Esta momia fue descubierta y fotografiada para que los científicos y arqueólogos pudieran aprender sobre cómo vivió el joven.

"Atento" y "Tiempo sin tiempo"

Con base en la imaginería, ¿cómo puedes comprender el tema del poema "Atento"?

Antología de literatura: páginas 502–504

COLABORA

Coméntalo Vuelve a leer "Atento". Comenta con un compañero o una compañera el tema del poema.

Cita evidencia del texto ¿Cuáles son la imágenes literarias presentes en el poema y qué te sugieren? Escribe tu respuesta en el organizador gráfico.

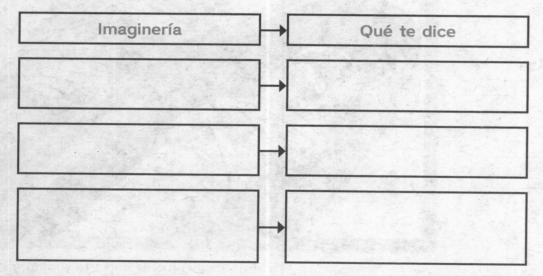

Imaginería		Qué te dice
	→	
	→	
	→	

Escribe Con base en la imaginería comprendo el tema de "Atento" a partir de

_____

_____

Consejo de la semana

Cuando **vuelvo a leer** poesía presto atención a cada una de las estrofas y analizo con detenimiento lo que el autor me quiere decir en cada una de ellas.

Russell

Santiago Bañón/Moment/Getty Images

¿Cómo te permite la paradoja presente en "Tiempo sin tiempo" comprender el mensaje del poema?

COLABORA

Coméntalo Vuelve a leer "Tiempo sin tiempo". Comenta con un compañero o una compañera sobre qué es una paradoja e identifícala en la selección.

Cita evidencia del texto ¿Cuál es el mensaje del poema con respecto a la forma como deberíamos vivir la vida? Escribe tu respuesta en el organizador gráfico.

Evidencia

Inferencia

Escribe La paradoja de "Tiempo sin tiempo" me permite comprender el

mensaje del poema al _____

_____

_____

_____

ACUÉRDATE

Cuando me encuentro una paradoja en un texto, debo releer y comprender el contexto en el que está mencionada. De esta manera, puedo descubrir lo que el autor quiere decir con ella. Puedo utilizar el siguiente marco de oración para descubrirlo:

El autor dice… y se refiere a…

Tu turno

Compara la manera en que los poetas quieren expresar su mensaje sobre la importancia de hacer una pausa. Organiza las evidencias del texto a partir de estos marcos de oración:

La autora incluye imágenes sensoriales…

El autor quiere expresar…

¡Conéctate!
Escribe tu respuesta en línea.

"Se canta al mar"

¿De qué manera presenta la voz poética la información sobre su estadía en la isla de Chiloé?

COLABORA

Coméntalo Vuelve a leer el poema. Comenta con un compañero o una compañera sobre el tema del poema.

Cita evidencia del texto ¿Cuál es la información presentada por la voz poética y cuál es su organización en el poema? Escribe tu respuesta en el organizador gráfico.

Detalle	Organización

Escribe El autor presenta la información sobre su estadía en la isla de Chiloé a partir de _____

_____

ACUÉRDATE

Cuando vuelvo a leer un poema, lo hago en voz alta, dándole entonación a mis palabras. De esta manera descubro las sensaciones que me producen estas composiciones y comprendo cuál es el sentimiento que me quiso transmitir el autor.

¿? ¿Cómo comprendes la importancia que tuvo para la voz poética su primera visita al mar?

COLABORA

Coméntalo Vuelve a leer el poema. Habla con un compañero o una compañera sobre el fragmento en que la voz poética saluda al mar y sobre cómo decide saludarlo.

Cita evidencia del texto ¿Cuáles frases me permiten entender la impresión y el cambio que tuvo la voz poética al conocer el mar? Escribe tu respuesta en el organizador gráfico.

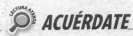 **ACUÉRDATE**

Cuando leo un poema narrativo presto atención a las descripciones detalladas que realiza el autor, puesto que estas me permitirán comprender los sentimientos que quiere expresar.

Evidencia		Conclusión
	→	

Escribe Comprendo la importancia que tuvo para la voz poética conocer el mar a partir _____

_____

Integrar

¿De qué manera el compositor de la canción "No me importa si llega la lluvia" y los poetas que escribieron "Tiempo sin tiempo" y "Se canta al mar" comparten su punto de vista?

Coméntalo Lee la letra de la canción. Comenta con un compañero o una compañera su significado y con qué fin utiliza el compositor la repetición en la canción.

Cita evidencia del texto Encierra en un círculo las palabras y frases que te permiten comprender el punto de vista de la canción. A continuación subraya cómo se siente el narrador con respecto a bailar.

Escribe Puedo entender que el compositor de la canción y los poetas comparten su punto de vista al _____

_____

ACUÉRDATE

Puedo utilizar las palabras y las frases en la canción para comprender el punto de vista del compositor.

No me importa si llega la lluvia

Canción popular americana

No me importa si llega la lluvia,
Voy a bailar todo el día,
No me importa si llega la lluvia,
Voy a bailar todo el día.

Hey, hey, hey, llévame alegría,
Voy a bailar todo el día,
Hey, hey, hey, llévame alegría,
Voy a bailar todo el día.

Jose Luis Pelaez Inc/Blend Images/Getty Images